Adrian Heinrich von Borcke

Beschreibung der sargordtischen Wirtschaft in Hinterpommern

Adrian Heinrich von Borcke

Beschreibung der sargordtischen Wirtschaft in Hinterpommern

ISBN/EAN: 9783742890467

Hergestellt in Europa, USA, Kanada, Australien, Japan

Cover: Foto ©Suzi / pixelio.de

Manufactured and distributed by brebook publishing software (www.brebook.com)

Adrian Heinrich von Borcke

Beschreibung der sargordtischen Wirtschaft in Hinterpommern

H. A. Grafen von Borcke
Beschreibung
der
Stargordtischen
Wirthschaft
in Hinterpommern,

nebst

G. M. L. von Wedells,
Königl. Preuß. Oberforstmeisters in Schlesien,
Vorlesung
in der
patriotischen Gesellschaft zu Breßlau
über diesen Gegenstand,
auf Verlangen der Gesellschaft herausgegeben;

nebst einigen
Anmerkungen des Grafen von Borcke
über dieselbe;

und

von Eickstädts
Beschreibung
der Hohenholzischen Wirthschaft
in Vorpommern,
nebst beygefügten Plans.

Zweyte und verbesserte Auflage.

Berlin, 1792.
bey Wilhelm Oehmigke, dem jüngern.

Des
Königlich Preußischen Etats- und Krieges-
Ministers
Herrn Grafen
von Podewils Excellenz
zu Gusow, Wusterwitz ꝛc.

Des
Königlich Preußischen Etats-Krieges- und
Cabinets-Ministers
Herrn
von Herzberg Excellenz.

Des
Königl. Preußischen Ober-Präsidenten
in Preußen
Herrn
von Domhardt Hochwohlgebl.

Des
Herrn Präsidenten
von Benkendorf Hochwohlgeb.
zu Blumenfelde,

Des
Herrn Oberforstmeisters
von Wedell Hochwohlgebl.
in Schlesien.

Des
Herrn
von Eickstädt Hochwohlgebl.
zu Hohenholz, Glasow 2c.

Seinen sowohl bekannten als unbekannten Freunden und
Gönnern,

übergiebt dieses

der Verfasser.

Vorrede.

Ich habe spät angefangen ein Schriftsteller zu werden, weshalb ich mich der Kürze befleißen und diese zwote Ausgabe meiner Stargordtschen Wirthschaft in die Welt schicke. Das Ding sieht seltsam aus, fast mehr Noten als Text; Es ist aber nicht geschrieben, daß es das Frauenzimmer im Bade, und die feinen Herren beym Haarfrisiren, sondern Landwirthschafts-Liebhaber mit Nachdenken lesen sollen, welche gar bald ein jedes an seinen Ort

Vorrede.

Ort bringen, es ganz übersehen, und sich ein System daraus machen werden.

Ich habe des Herrn Oberforstmeisters von Wedells schöne Vorlesung mit beygefügt. Man möchte es für eine Ruhmräthigkeit halten, daß ich diese zu vervielfältigen suche; allein ich konnte damit keine Aenderung vornehmen, und meine wenige Erläuterungen waren nöthig.

Die dritte Piece ist von einer andern Art, aus einer andern Provinz, und von einem sehr erfahrnen Vorpommerschen Wirth aufgesetzt, welcher bey importanten Güthern seine große Verbesserungen jedermann vor Augen legen kann.

Viele solcher gesammelter Beschreibungen, von wirklich ins Werk gesetzten und zu einiger Vollkommenheit gediehenen Wirthschaften, würden dem Wust einer so großen Menge von Landwirthschaftsbüchern, die meistentheils von Leuten verfasset sind, die selbst kein wichtiges Stück Acker besitzen, und in ihren Cabinetten, höchstens in ihren Gärten, Wirthschaften ausbrüten, wovon

Vorrede.

von kein Gebrauch gemacht werden kann, bald die Quelle verstopfen. Man arbeite selbst im Großen, so wird man bald den Unterschied, welcher zwischen Speculation und Effect ist, gewahr werden.

Ich muß aber einer Sache gedenken, welche mir sehr am Herzen liegt, es ist diese, daß ich die jungen angehenden Wirthe aus einer Gefahr reissen möchte, worin sie meistens alle, zumahl wenn sie bemittelt sind, verfallen, welche, wegen allzu geschwind umlaufenden Gebluͤts, wegen gar zu viel Bücherlesens, und wegen des Vertrauens, das sie auf Windbeutel und Betrüger setzen, unausbleiblich ist, nehmlich: daß sie große Summen unnöthig als Lehrgeld verschwenden, und zu ihrem grossen Schaden, öfters zu spät klug werden müssen.

Ob es nun zwar nicht in meinen Kräften steht, junge und reiche Leute phlegmatischer zu machen, ich auch dadurch der Welt eher einen schlimmen als guten Dienst leisten würde, so wird es sich doch mit dem,

Vorrede.

was folgen wird, ein wenig temperiren lassen. Das viele Bücherlesen ist ein wahrer Verderb, wenn es ohne gute Auswahl geschieht; sie lesen, anstatt klug zu werden, sich die Köpfe dumm, daß sie endlich nicht mehr ein noch aus wissen, da es ihnen an Experienz fehlt, das Wahre von dem Falschen zu unterscheiden, und bey so vielen unterschiedenen Meynungen das Beste heraus zu suchen, nicht im Stande sind. Gemeiniglich hat der letzte, den sie in Händen haben, Recht, und ein großer Nahme, den oft der Autor seinen vom Buchhändler gedungenen Recensenten pur zu danken hat, ist der Sache am nächsten gekommen; findet sich einer der recht schwärmt, der wird Favorit, und in dieser Wissenschaft kann man sich so leicht überstudiren, als in der Medicin.

Ich würde also eher aus einem ganz rohen Subject einen guten Landwirth machen können, als aus einem, dem ich die falschen Begriffe die es eingesogen hat, wieder vergessen machen müßte. Der Feldbau ist

Vorrede.

ist darin von allen andern Geschäften unterschieden, daß die Practic der Theorie nothwendig vorgehen muß.

Man gehe mehr als man reite, man sey bey allen Handlungen, die vorfallen können, geraume Zeiten gegenwärtig, man lasse sich alles zeigen und nennen, man frage fleißig: warum dieses geschehe? warum es so und nicht anders gemacht werde? man ändere nichts ab, ehe man die Sache gewiß übersehen kann, denn sowohl das Local, als Clima und Umstände, machen vieles unumgänglich nöthig, was widersinnig scheinen möchte; man verachte die Alten nicht, weil man glaubt, die Neuern hätten es weiter gebracht. Wir finden Spuren, welche noch vor dem dreyßigjährigen Kriege herrühren, und niemals bin ich mit mir besser zufrieden, als wenn ich eine Anlage machen will, und den Beweis entdecke, daß vor Alters die Sache eben so veranstaltet gewesen, denn denke ich meiner Sache recht gewiß zu seyn. Dieses treibe man zum wenigsten zwey Jahre;

Vorrede.

Jahre; bey langer Weile halte man ein Wirthschafts-Journal, amusire sich mit seinem Garten und seinen Holzungen, jedoch den Betrieb der Feldwirthschaft ungestöhrt; und vor allen Dingen verbiete ich die Conversation mit dem Gärtner über den Feldbau; ich habe wichtige Gründe dazu, und ein junger Landwirth wird mehr von einem tüchtigen Wirthschafter, Hofmeister, oder guten Bauern, als von einem Professor, der über die Oeconomie liest, lernen können.

Nun wird es Zeit zum lesen seyn; hierzu recommandire ich den nützlichen doch sehr ennuyanten Eckard, des Reichhardts Land-und Garten-Schatz, und des Herrn Präsidenten von Benkendorfs Schriften; diese sind bis jetzt die allerbesten. Wenn alsdann selbst ans Werk gegangen wird, so nehme man den Hausvater zur Hand; in selbigem findet sich ein vollständiges Verzeichniß aller Autoren von allen Nationen, so in diese Sache einschlagen, und nun erlaube ich zu lesen was man will,

nur

Vorrede.

nur zuletzt die Engländer, weil sie schon einen starken Wirth voraussetzen, denn diese sind noch zu unverdaulich für einen schwachen Magen. Wenn nun mein Eleve, durch Erfahrung und gesunde Vernunft, zu einer vollkommenen Polizey, im Dorfe sowohl als auf dem Felde, ein Project entworfen hat, so wünsche ich ihm mit Zuversicht Glück.

Hiemit nehme ich Abschied von dem geneigten Publico, weil ich hinführo nichts mehr über diese Materie im Druck zu geben gedenke, und ob ich zwar keiner Refutation entgegen sehe, weil keine statt finden kann, es sey denn, daß jemand eine ganz fertige Wirthschaft vorzeigte, welche durch wenigere Kräfte, in kürzerer Zeit, und mit größerem Erfolg zu Stande gekommen wäre, oder daß man an der ganzen Sache zweifle; Ersteren müßte ich billig für meinen Meister erkennen, letzteres aber als das größte Compliment annehmen, weil durch einen unglaublichen Erfolg meiner Wirthschaft die Crone aufgesetzt

Vorrede.

setzt würde; so könnte doch ein Zanksüchtiger vielleicht noch ein Loch finden, durch welches er schlupfen, und mir zu Halse gehen wollte. Einem solchen declarire aber hiemit, daß seine Critik ohne alle Antwort bleiben wird, denn zu solchen Schmierereyen ist mir die Zeit viel zu edel. Diejenigen aber, so von mir Explicationen verlangen, oder Nachrichten einziehen wollen, werden mir immer willkommen seyn, und ich werde suchen, so viel es meine Fähigkeiten zulassen wollen, ihnen Genüge zu leisten.

Ehe ich schließe, muß ich noch mit dir, mein lieber und einziger Sohn! reden; du bist nicht aus meiner Schule. Als du von Universitäten kamst, hattest du zu viel von Landwirthschaft reden gehört, und gar viel gelesen; jedoch hast du aufmerksam das schön glänzende Stargordtsche Nichts zu einem einträglichen Guthe umgeschaffen gesehen, und wie solches von Jahr zu Jahr bewirkt worden, ganz genau verfolget, so daß ich öfters aus deinem gehalte=

Vorrede.

haltenen Journal das meinige ergänzen müssen. Ich habe auch das sichere Vertrauen zu dir, du werdest gewiß nicht allein alles, so wie es ist, erhalten, sondern noch erweitern, denn ich habe noch vieles in meiner Imagination verwahrlich, welches auszuführen vielleicht die Zeit und Umstände nicht gestatten möchten.

Beneide die Helden nicht, welche mit Ehren gecrönet, und mit den Merkmahlen ihrer Klugheit und Tapferkeit prangen; beneide auch nicht die, so im richterlichen Amte zu großen Männern werden, nach dem Buchstaben und öfters durch Ueberstimmung Urtheile sprechen müssen, welche ihnen selbst durch die Seele dringen; auch nicht die, welche in Finanzen ihr Glück machen; denn hiezu paßt keine weiche Seele; vielweniger die Höflinge, welche bey beständiger Erwartung des Moments, der ihre Begierde sättigen soll, im Fall es möglich wäre, daß sie gesättiget würde, eine Zeit mit Ja sagen und Nichts thun zubringen, die weit besser angewandt werden

Vorrede.

den könnte, und endlich, mannigmal auf kurze Dauer, ihren Zweck erreichen. Beneide auch nicht die Politiker, und die, so in Staatssachen der Geschichte einverleibet, gleichsam unsterblich werden, denn sie dürfen nur selten die reine Wahrheit sagen. Bleibe ein rechtschaffener Mann, wie du gewiß bist; diene deinen Nächsten mit aufrichtigem Herzen; und ob du zwar in einem kleinen Zirkel nicht eine große Figur spielen wirst, so bleibst du immer ein nützliches Individuum im Staate. Erziehe deine Töchter häuslich, damit sie ihren Männern nicht Fluch statt Segen in die Häuser bringen; und giebt dir Gott Söhne, so bereite sie zuvor, daß sie würdig die Bahn der Ehre betreten, welche ihre Vorfahren mit gutem Erfolg durchwandert haben.

Laßehne, den 9ten Julii 1778.

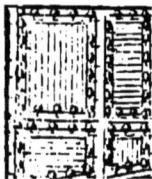

Ruthen. Pl.

K.

Das Gut Stargordt in Hinterpommern, welches fast in der Mitte von drey kleinen Städtchens, Regenwalde, Labes und Schievelbein¹) einige hundert Schritte von der Rega lieget, hat 13 Bauern²), welche Tag täglich mit einem Knecht, einem Gespann und einer Magd zu Dienste

1) Aus dieser Lage muß man nicht folgern, daß sie vortheilhaft sey. Diese Städtchen sind genug mit Ackerbau versehen, und das Scheffel Getreyde, so ihnen die Bauern zuführen, sättiget sie vollkommen. Die Rega könnte von einer größeren Wichtigkeit seyn; man schmiert uns auch das Maul mit der Hofnung, daß sie schiffbar gemacht werden soll. Die Sache ist möglich, und die Stadt Treptow ist die einzige, so zum Kornhandel gelegen ist, wenn ihr Hafen mit einer Bagatelle in Stand gesetzet wird. Allein es ist zu vermuthen, daß Nebenabsichten dieses vereiteln werden: denn es ist ausgemacht, daß ein Fluch auf Pommern lieget, welcher alles

sie gehen; item einen Cossathen, welcher die Woche zwey Tage mit einem Gespann und täglich mit einem Hand-Dienste zu Hofe kömmt.

Die und sogar die größten angewendeten Summen Geldes zu Wasser machet. Anjetzo hat hiesige Gegend kein anderes Debouche zum Absatz ihrer Producten, als Fünf Meilen nach Colberg, und Zwölfe nach Stettin. Was die Schiffbarmachung der Rega und Herstellung des Treptowschen Hafens anbelanget, so habe darüber eine allerunterthänigste Vorstellung an Se. Königl. Majestät gelangen lassen, aber zur Antwort erhalten, daß dieser Strohm die Unmöglichkeit einer solchen Verbesserung mit sich führte, würde also vieles darauf vergebens angewandt werden müssen, was zu nützlicheren Dingen der Provinz zu gute kommen könnte. Da nun aber unter Unserer glücklichen Regierung nichts, ohne genau geprüfet zu werden, verbleibet, was zum Besten des Staats und der Einwohner gereichen kann, so haben Ihro Majestät solches durch große Männer, welchen Sie Ihres Vertrauens würdigen, dieses Jahr 1782. examiniren lassen, welches Hoffen macht, daß, wo es thunlich, gewiß auch zu Stande kommen werde. Den Fluch, so auf Pommern zu liegen scheint, betreffend, so ist folgende Anmerkung von großer Wichtigkeit. Man kann niemahlen auf den rechten Grund einer Sache kommen, ehe sich eine Gelegenheit hervor thut, die sie auf die deutlichste Art klar machet und zu Tage leget. Diese hat sich bey Einrichtung des Credit-Systems in Pommern eräugnet. Sollte man glauben, daß unter 800 Gutsbesitzern nur 80 zusammen zu bringen gewesen, welche das Suplicat am Könige unterschreiben wollten; noch unglaublicher wird es scheinen, wenn man siehet, daß eine Sache, die die ganze Provinz glücklich gemacht, sie in lebhafte Thätigkeit gesetzt, welche sich einen über die Erwartung großen Succes rühmen kann, die in Schlesien für eine groß-

Die Feldmark ist weitläuftig ³), der Boden meistens guter Mittelacker, welcher aber doch mit einigen wenigen Flecken Sand abwechselt. Wiesen aber wenige, und bestehen aus schlechten Grasarten; Holzung ist beträchtlicher, jedoch meistens abgelegen.

Diesen Rittersitz, welcher zwar nur von je her 14000 Rthlr. werth war, wählete der Besitzer, der General Graf von Borcke, zu Seinem Aufenthalt, wie derselbe 1764, mit einer sehr beträchtlichen Königlichen Pension sich zur Ruhe begab.

Den Vorzug, welchen er diesem Sitze vor andern gab, verursachte theils das schöne Schloß, so dessen Vater, der General-Feldmarschall der Familie zu Ehren auf diesem Stammhause gebauet hatte, wie nicht weniger der schöne Garten, so er selbst während der Zeit, daß Er Ober-Hofmeister bey des jetzigen Prinzen von Preussen Königl. Hoheit war, hatte anlegen lassen: sondern auch das viele Brennholz, so dieses Gut zu einer kleinen Hauswirthschaft darbiethen konnte, wovon in den übrigen Gütern nicht ein so großer Vorrath ist.

Das Wohlthat der göttlichen Vorsehung gehalten wird, und warum andere Provinzen des Königreichs sollicitiren, noch, jedoch ohnmächtige Contradiction findet. Weiter darf ich wohl nicht meine Reflexion ausdehnen.

2) Vier aus einem andern Dorfe Niederhagen mitgerechnet.

3) Die ganze Oberfläche ist von 1921 großen Pommerschen Morgen, der Morgen zu 300 Quadratruthen in 15 Fuß.

Das Gut war bis dahin verpachtet 4) oder schlecht administrirt worden. Zwey Drittel des Feldes lag in Büschen und Heydekraut, 36 Häupter Vieh jung und alt wurden kümmerlich erhalten, der Scheunen und Ställe waren wenige, jedoch wegen der erbärmlichen Wirthschaft meistens leer, mit einem Worte: es war ein wahres Schreckenbild von einer Wirthschaft, nur die Schäferey von 700 Stück war gut; jedoch zog der Schäfer, welcher von der Gesinnung der Oeconomen profitirte, allen Nutzen davon, und dem Herrn blieb nur der Mist und Horden-Schlag übrig.

Es dauerte nicht lange, daß der Eigenthümer einsahe, daß die Wirthschaft schlecht gieng. Einige Jahre verflossen aber, in welchen er, der Wirthschaft unerfahren, erstlich lernen, nachgehends abhelfliche Maaße verschaffen

---

4) Sieben hundert Reichsthaler Pacht wurde gegeben, wobey die Bauern und Gebäude, wie gemeiniglich bey Verpachtungen geschiehet, ruiniret; und dennoch ist keiner darauf reich geworden, auch wurden nicht selten Remißiones bewilliget. Bey der Administration gieng es nicht besser, Bequemlichkeit, Faulheit, Unwissenheit und Untreue, waren der Anfang, und der Krieg, welcher zu einem schönen Deckmantel diente, alles auf die Invasion der Russen zu schieben, machte das Garaus. Hiebey kann man nicht unangemerkt lassen, daß, so viel als möglich war, die Ordnung so beobachtet und solche schöne Züge der Menschlichkeit ausgeübet worden, daß es allen Nationen zur Richtschnur dienen könnte, besonders nachdem die Russen die wilden leichten Truppen, so den ersten Vortrab gehabt hatten, wieder nach ihrer Heymath zurück sendeten.

der Stargordtschen Wirthschaft.

schaffen konnte. Wie solches nach und nach, jedoch mit Eifer getrieben worden, würde zu weitläuftig seyn zu detailliren, man will sich also einschränken und nur beschreiben wie es jetzo aussiehet 5).

Der Anfang zur Verbesserung wurde mit Anlegung eines neuen Vorwerks gemacht 6); Eine weitläuftige Feld-

---

5) Wer die Charte von Stargordt siehet, welche 1732 aufgenommen ist, muß glauben, daß meine Vorfahren mit großer Sorgfalt, die ganze Landungen in kleine Schnipchen getheilet, und nachgehends darüber gewürfelt haben; so waren hier die Ackerstücken von Herren, Priester und Bauern durch einander geworfen; bey solcher Eintheilung konnte ohnmöglich etwas gescheidtes herausgebracht werden. Man sorgte also dafür, daß der Prediger auf Geld gesetzt, die Bauern aber reichlich indemnisiret wurden, und da alles dieses der Billigkeit gemäß veranstaltet und man nicht auf Abtretung der Aecker, welche zum Ueberfluß vorhanden waren, geitzte, so wurde diese Sache zur größten Zufriedenheit aller Contrahenten ganz kurz und ohne alle Kosten vollzogen. Dadurch bekam die Herrschaft zwey Felder in einem, und die andern beyde jedes in zwey Stücken, das nachmalige Vorwerk aber ganz allein.

6) Wer ein Vorwerk anleget, auf welchem er eine besondere Wirthschaft hält, wird gewiß seinen Endzweck verfehlen. Was auf demselben gewonnen wird, gehet auch wieder darauf. Kann man aber einen Kuhpächter und Haußinnen, welche Handdienste leisten müssen, darauf setzen, die Scheunen unter dem Schlosse halten und alles vom Haupt-Gute bearbeiten lassen: so genießet man den ganzen Vortheil davon. Dieses ist der Grund davon, daß alle gar große und

Feldmarkt lag wüste und war denen Nachbaren zur Hütung Preiß gelassen worden. Sie war mit Büschen, kleinen Birken, auch Eichen, hauptsächlich aber mit Ginster und Heydekraut bewachsen. Dieses wurde urbar gemacht, und darauf ein Pächterhaus, ein Viehstall und zwey mittelmäßige Scheunen erbauet. Der Acker ist in vier kleine Felder getheilet und wird vom Dorfe aus bearbeitet, es wohnet niemand als der Kuh-Pächter und Haußinnen darauf. Weide ist hinlänglich 7), und der Clever-Herel wird im Winter hingefahren. Anjetzo stehen 50 milchende Kühe daselbst, welche der Pächter eine jede

weitläuftige Güter weniger, ohngeachtet der besten Wirthschaft, einbringen, wie sie sollten, und mittelmäßige die Bewunderung der Kenner auf sich ziehen, weil man letztere so zu übersehen im Stande ist, daß die Wirthschaft so ordentlich gehen muß, als würde sie an einer Schnur gezogen.

7) Wer genugsame Weide und Abtriften hat, kann seinen Acker so viel erweitern, wie er gehörig bemisten kann, und hierauf ist meine Wirthschaft fundiret, und ist für die Winter-Küche gesorget; wer aber, wie in Vorpommen, wo es an vielen Orten an Weide mangelt, wollte ackergierig seyn, der würde fehlen. Dieses hat einer meiner Nachbaren von Pomellen, welches ein wahrer Oeconom, und gewiß zu schöpferischen Ideen fähig ist, durch Abbauung seiner entlegenen Feldmarkten bewiesen, und den großen Vortheil davon vor Augen geleget. Sollte desselben gar zu weit getriebene Modestie erlauben, daß die Beschreibung seiner Wirthschaft public werde, so würde sie zum allgemeinen Nutzen ein vieles beytragen; sie ist fertig, ich habe sie, und ich kämpfe sehr mit mir, weil ich eine starke Versuchung fühle, einen kleinen Verrath zu begehen.

jede mit 5 Rthlr. verzinset. An Getreide wird ausgesäet 100 Scheffel Roggen und einige 60 Scheffel Hafer, ersterer bringet an das fünfte, und letzterer das sechste Korn. Alle Jahre wird die Brache abgemistet und geschiehet die Aussaat folgendergestalt, welches auch beym Gute selbst gelten kann:

  Erste Tracht Roggen im frischen Miste,
  Zweyte — — Sommer-Korn.
  Dritte — — Roggen einfahrigt,
  Vierte — — Brache 8).

Dieses Vorwerk erweitert sich von Jahr zu Jahr, weil mehrerer Acker urbar gemacht 9), und der so in der Cultur ist, besser in Dung kömmt.

Der zweyte Schritt war die Anlegung der Clever-Koppeln. Hiezu wurden fünf Stücken, meistens Gerst-Land auch ander gutes Land zu vierzig Scheffel Aussaat ausgesucht, eine solche Koppel umgraben, mit lebendigen

Dorn-

---

8) Bey diesem Vorwerk hat sich bewiesen, was der Herr Präsident von Benkendorf behauptet, daß ein urbar gemachter Birkengrund sich die ersten Jahre schlecht zeige, in der Folge aber die Geduld und Mühe reichlich vergelte.

9) Diese Erweiterung beruhet in Ausrodung der mit Buschwerk bewachsenen Rähmstücken, welche zwar dem Ganzen ein hübsches Ansehen und die Schönheit eines Gartens gaben, da sich aber im Winter der Schnee häufig darin sammlete, und die Sonnenhitze sich im Sommer zu stark concentrirte: so hat man das ganze Feld blos gemacht, womit man gegen künftiger Roggensaat völlig zu Stande kömmt, wobey anzumerken, daß diese Rodungen vor Tagelohn und niemahlen in Verding unternommen worden.

Dornhecken auch Todten-Zäunen bewehret, und auf folgende Art besäet und genutzet. Erstes Jahr, gedünget und mit Gersten und Clever besäet; zweytes, Clever zweymahl geschnitten und zu Heu gemacht; drittes, Clever zu Heu gemacht, doch vom zweyten Schnitt zu Saamen etwas stehen gelassen; viertes, Gersten; fünftes, Roggen einfährig oder Hafer [10]). Dieses läßt sich besser aus dieser Tabelle übersehen:

	I.	II.	III.	IV.	V.
1770.	Gemistet oder gemergelt, Gersten und Clever.	Roggen oder Hafer.	Gersten.	Clever zweyter Schnitt.	Clever erster Schnitt.
1771.	Clever erster Schnitt.	Gemistet oder gemergelt, Gersten und Clever.	Roggen oder Hafer.	Gersten.	Clever zweyter Schnitt.
1772.	Clever zweyter Schnitt.	Clever erster Schnitt.	Gemistet oder gemergelt, Gersten und Clever.	Roggen oder Hafer.	Gersten.
1773.	Gersten.	Clever zweyter Schnitt.	Clever erster Schnitt.	Gemistet oder gemergelt, Gersten und Clever.	Roggen oder Hafer.
1774.	Roggen oder Hafer.	Gersten.	Clever zweyter Schnitt.	Clever erster Schnitt.	Gemistet oder gemergelt, Gersten und Clever.

der Stargordtſchen Wirthſchaft.

Nachdem, daß die fünf Koppeln fett genug wurden, hat man dieſe Veränderung mit dem größten Succeß vorgenommen: 1ſtes Jahr, auf der ausgegangenen Clever-Koppel gegen Winter gemergelt oder gedünget und umgeſtürzt, im Frühjahr Gerſte geſäet; 2tes Jahr, Roggen; 3tes Jahr, Gerſte mit Clever; 4tes Jahr, Clever, erſter Schnitt; 5tes Jahr, Clever, zweyter Schnitt. Dieſes iſt darum geſchehen, weil auf friſchem Miſt die Gerſte zu geil wird, und den Clever verdämmet.

NB. Das Mergeln verſtehet ſich nur von den erſten fünf Jahren, und muß man abwarten, wie lange er vorhalten wird. Einige ſagen 15, andere 18 Jahr, man hält es aber für ungewiß. Hiebey muß ich zwey Berichte beyfügen, wie hieſelbſt mit dem Cleverbau procediret wird. Der Mergel befindet ſich von allen Arten und Farben auf dieſem Gute in großer Menge, und iſt alle gut, ſowohl zum Düngen als Kalkbrennen, wozu doch derjenige, ſo aus den Wieſen, wie Butter, geſtochen wird, und etwas graulich iſt, zum Kalk der beſte und vortheilhafteſte iſt. Dieſer ſchießet faſt zu Tage heraus, fängt einen kleinen Spadenſtich unter der Wieſen-Erde an, iſt

drey

10) Aller Hafer wird hier mit drey Fahren beſtellet, und da er in der zweyten Tracht geſäet wird: ſo läſſet ſich deſſen reichlicher Ertrag leicht begreifen. In dem unglücklichen 1770ſten Jahre, habe ich in einer Koppel das 14te Korn eingeerndtet; und da ein ſchöner Herbſt erfolgte, ſo war der ausgefallene Hafer ſo hoch aufgewachſen, daß er vier Wochen grün für die Ochſen verfuttert wurde, nachher haben dieſe noch 14 Tage die ſchönſte Weide gehabt.

drey gute Stiche mächtig, und ruhet auf einem Bette von Torf. Derjenige Mergel, dessen man sich auf den Acker bedienet, lieget in den Bergen, welche sich nach den Brüchern senken, ist etwas gelblich, und 6, 7, 8 Fuß, auch an vielen Orten 10 Fuß mächtig. Das Mergeln geschiehet im späten Herbste und ersten Frost, auch wohl noch, wenn es nicht gar zu sehr schneyet. Es sind dazu besondere Kasten gemacht [11]), davon werden 5 Haufen abgeworfen, jeder 10 Schritt von einander, die zweyte Reihe 5 Schritt neben derselben, dieses glaubet man die rechte Proportion zu seyn. Ist der Mergel noch nicht zu stark gefroren: so vertheilet man ihn sogleich mit hölzernen Wurfschaufeln, sonst muß er in Haufen bis zum Frühjahr liegen. Da man bis dato nur noch zur Gerste gemergelt hat: so ist der Acker schon gestürzet und glatt geeget, ehe der Mergel aufgefahren wird. Zu Roggen mußte er wohl vor der Saatzeit gestreuet seyn, und werden alsdann andere Maßregeln genommen werden müssen, welche doch im Großen sehr aufhaltend zu seyn scheinen.

[11]) Ein solcher Kasten ist 98 Zoll lang, 19 Zoll oben und 12 unten breit, 16 Zoll hoch, die Runde des hintersten Schiebers mitgerechnet, und enthält ungefähr 10½ Kubikfuß, dieser kann recht gut von zwey Mittel-Pferden gezogen werden. Ich erlaube auch den Bauern mergeln zu dürfen, jedoch mit dieser Präcaution, daß einer die Aufsicht darauf hat, daß sie ordentlich die Erde abräumen müssen, den Mergel Bankenweise bis auf den Grund ausgraben, und nicht wie die Schweine hin und wieder Löcher buddeln, und unnöthig ein ganzes Terrain durchwühlen und verderben, wozu ein solches Volk gar zu geneigt ist.

der Stargordtschen Wirthschaft.

nen. An der Persante im Fürstenthum, stehen die Leute in der Meynung, daß man auf noch niemahls gemergelten Aeckern kein Saatkorn vom gemergelten nehmen solle. Auf den Lassehnschen Gütern, so an der See liegen, hat man dergleichen Saatkorn gekauft, und den schlechten Roggen damit entschuldigen wollen; Man glaubet aber vielmehr, daß die späte Bestellung, das viel aufschießende Gras, welches dorten in den schlumpigen Aeckern häufig geschiehet, und andere Nachläßigkeiten daran Schuld sind. Denn hier geräth die gemergelte Gerste ungemein schön [12]), wenn sie zur Saat genommen wird, es müsse denn seyn, daß es mit beyder Getreide-Sorten nicht eine gleiche Bewandniß hätte [13]). Man brauchet auf jede Koppel 1030 solcher Kastens Mergel.

Den

12) Der Hausvater saget, der Mergel sey kein Dünger, sondern präparire nur den Acker um diesen anzunehmen. Diesen Satz haben viele andere so pünktlich nachgeschrieben, als wenn es ein Glaubens-Artikel wäre, und dennoch ist die Sache falsch. Hier findet man aller Orten, wo der Mergel lange in Haufen gelegen, im darauf gesäeten Getreide, Geil-Hausen; dieses beweiset meiner Einsicht nach mehr, als alle weitläuftige Stuben-Raisonnements. Freylich muß, wenn er seine Trachten ausgehalten, das ist, nach den ersten 3 und in den Koppeln 5 Trachten, mit Mist unterstützet werden, allein, solcher darf nicht so stark, wie auf einen nicht gemergelten Acker aufgefahren werden.

13) Nun kann ich aus Ueberzeugung versichern, daß die Sache falsch ist, denn heute den 5ten Julii 1778. hat mich mein Schulz in Lasehne auf ein Stück Acker geführet, welches mit Mergel-Roggen besäet, sehr schön in Stroh und voll-

Den Clever anbelangend, so wird derselbe, wenn die Gerste untergepflüget und übergeegget ist, oben auf gesäet, und nur einmahl mit der Egge überzogen. Das erste Jahr läßt man die Gerste reif werden, und den Clever ruhig, das zweyte Jahr, sobald er überall blühet, wird er abgemähet und zu Heu gemacht, welches ebenfalls beym zweyten Schnitt so im August einfällt, geschiehet, selten hat man unter hiesigen Climate drey Erndten davon haben können. So lange wie man sich aus Büchern [14]) Raths holete, hat man das Heumachen von diesem

sätzig in Aehren, dabey sehr rein war, welches an der Ost-See etwas seltsames ist; er schätzte es aufs sechste Korn, und das ist es zum wenigsten. Hierbey muß ich noch anführen, daß von faulen und trägen Wirthen ausgesprenget wurde, daß in Sachsen in den Pacht-Contracten das Mergeln den Pächtern untersaget sey; ich trug meinem Sohne auf, bey dem Adreß-Comptoir Anfrage zu thun, er bekam zur Antwort: sie wüßten nichts davon, sollten sie aber etwas davon erfahren können, so würden sie es melden, welches aber bis dato noch nicht geschehen ist. Ich kenne die sächsische Einrichtung nicht, kann also nicht errathen, was die Ursache seyn möge, im Fall die Sache sich so verhalte, woran aber sehr zweifle. Allein hier, wo ungemessene Dienste sind, würde ich es einem Pächter auch nicht gestatten, denn es ist erstlich die erwünschte Gelegenheit, um die Bauer-Pferde todt zu treiben, und zweytens würde doch dafür nichts mehr an Pacht gezahlet werden, folglich thut ein Gutsherr sehr klüglich, wenn er diesen edlen Schatz dermaleinst zu seiner eigenen Resource aufbewahret.

14) Es ist zu bedauern, daß diejenigen, welche von der Wirthschaft schreiben, öfters die Lehren, die sie geben, so weitläuf-

der Stargordtſchen Wirthſchaft. 13

dieſem Gewächſe für eine Zauberey gehalten. Wie man aber die Charlatanerie bald einſahe, nachdem man durch vieles

tig machen, und ſolche unnöthige Cautelen mit einmiſchen, die den Leſer verdrüßlich machen, und noch die wenige Wiß, begierigen gänzlich abſchrecken. Die Urſache davon beſtehet in einer Pralerey. Man will etwas neues liefern, man ſchreibet von natürlichen Dingen. Die Natur iſt ſimpel in ihren Operationen, was will man thun? Man muß der Sa, che eine Art von Importanz geben, und die einfachſte Sache wie eine große Kunſt vortragen, damit der Bauer nicht glau, be, er ſey klüger wie der Herr Magiſter. Wenn es aber bis zum ausziehen und verpflanzen des Clevers, auch wohl gäten und in Rabatten pflügen kömmt, denn muß ein vernünftiger Wirth alle Geduld verlieren. Meine Methode iſt ſo natür, lich, daß meine Bauern den Nutzen davon eingeſehen ha, ben, und ſo viel ihnen möglich iſt, dieſelbe nachahmen, und ſich gut dabey befinden. Ein Pächter in einem mir gehörigen angränzenden Gütchen Crößlen, hat den Cleverbau ſo weit getrieben, daß er Futter übrig hatte, wenn anderer Vieh ver, hungern wollte. Ein Zufall, welcher ſich in dieſer Gegend gar zu oft ereignet. Dieſes Gütchen hatte meine ſelige Mut, ter aus gutem Herzen, und um einen Nachbar aus der Noth zu reißen, für 6600 Rthlr. gekauft; mit dieſem gieng es wie mit allen neuen Acquiſitionen, für welche man ſich gemeinig, lich affectioniret, ſollten auch die alten zu Stief=Kindern werden; hier wurde der oft, jedoch mit wenigem Ruhm, er, wähnte Inſpector in Wut geſetzt, hier wollte er ein Meiſter, ſtück machen, alles was nur Stargordt zu entziehen war, wurde hingeſchleppt, es wurde gebauet, Heu von hieſigen Wieſen in beträchtlicher Menge hingefahren, ſo gar Fenſter in die Wirthſchaftsgebäude hier ausgehoben und dort einge, ſetzt, und ſolches unter der Aufſicht eines ſchelmiſchen Hof, meiſters gegeben.

vieles Wenden und Kehren ein Drittel verlohr; so ist man auf die simpelste Methode verfallen, welche darinn bestehet, daß der Clever, sobald er überall blühet, gehauen wird, die Schwade, sie mögen auch so hoch seyn, wie sie wollen, bleiben liegen, wenn es auch noch so stark und lange regnet. Ist es trocken Wetter, so werden sie etwas auseinander gezogen und in Strecken geharket, sobald sie trocknen und noch feuchte sind, in kleine Haufen gesetzt, und sollte es regnen, ruhig stehen gelassen. Sobald heisser Sonnenschein eintrift, werden Vormittags die Haufen herum gestoßen, und der Clever den Nachmittag eingefahren. Hier hat man ihn schon bey günstigen Wetter am vierten Tag, das Mähen mitgerechnet, in der Scheune gehabt, auch hat es sich zugetragen, daß ein Regenwetter von 21 Tagen eingefallen, und in beyden Fällen ist das Clever-Heu gut geworden, und noch bis dato nichts verdorben; dieses beweiset, daß Clever ohngleich leichter wie Gras zu Heu zu machen sey [15]).

Da

Nun ist es vor 330 Rthlr. verpachtet, und die Pächter bestehen sehr gut, eine wahre Probe seines innern Werths. Ich habe nicht zu viel zugleich anfangen können, und nun bin ich zu alt; da aber solches schönen Acker und hauptsächlich gewisses Sommerkorn bringet, Hölzungen und Abtristen hat, dabey gar keine Bauern, folglich gar keine Communion, so ist es ganz reif, um gänzlich in Koppeln geschlagen zu werden. Dieses ist ein schönes Feld für meinen Sohn, um seine Talente in der Wirthschaft zu zeigen, und seinen Landsleuten ein Meisterstück darzulegen, wozu er alle Instructionen vorfinden wird.

15) Es wird mit dem Heu fast eben so preeediret, das viele rühren ist ihm auch nichts nutze, und das schwitzen in kleinen

Da man nun die Hexelmühle, wovon unten Erwähnung geschehen soll, neu bauete: so legte man auch die Clever = Scheune neben derselben unter einem Dache, welches Communication mit ersterer hat, an, daß also der Clever gleich auf die Hexellade gebracht werden kann, ohne das allergeringste zu zerstreuen, was nicht noch in den Hexelkasten gekehret werden könnte. Dabey hat man folgende Präcautiones gebraucht. In einem jeden Taß derselben sind Rosten 1 Fuß über die Erde von leichtem Bauholz gemacht, diese werden mit Strauchwerk beleget, worauf der Clever gelasset wird, in der Mitte eines jeden sind vier lange Latten aufgerichtet, welche mit Queerlatten benagelt sind, daß also ein solcher Schorstein die Form von vier gegen einander gesetzten Leitern im Quadrat hat. Diese verursachen eine Circulation durch die Hohlungen vom untern Roste, daß also niemahlen das Clever=Heu sich erhitzen kann 16). Wenn nun der

Clever

Haufen ist ihm ebenfalls gut, ohne daß man das Verderben besorgen dürfe.

16) Die Idee von dieser Präcaution veranlassete ein Bericht, den ich in einem französischen Journal fand, daß jemand, da sich das Heu in der Scheune erhitzt hatte, und ein Brand zu befürchten war, Leute zwang, ein Loch von oben her mitten in einzuschneiden, die Leute konnten es wegen der großen Hitze nicht lange aushalten, und mußten öfters abgelöset werden, endlich kam man auf den Boden, und das Unglück wurde verhütet: dazu kam, daß ich gehört hatte, daß einige Leute, wenn sie das Getreide aus Noth naß in die Scheune bringen müssen, im Tasse eine Tonne ohne Boden setzen, und nachdem das Getreide immer höher kömmt, immer herauf ziehen,

Clever so hoch in beyden Taſſen aufgeſtaket, daß es über den Balken kömmt; ſo wird die Scheun-Thüre nach dem Hofe zugeſchloſſen, und in den Scheun-Fluhr werden Böcke von gleicher Höhe mit den Roſten der Länge nach eingeſchoben, hierauf werden ſtarke Stangen geleget, welche zu beyden Seiten in dem Clever eingeſtochen werden, darauf Strauch geleget, und Clever ſo lange hineingeſtopft, bis die ganze Scheune ſo voll iſt, daß kaum ein Menſch herauskriechen kann, übrigens iſt die Scheune an allen Wänden mit genugſamen Zuglöchern verſehen. Bey einer zehnjährigen Erfahrung hat man folgende Gewißheiten herausgebracht, welche in keinen Zweifel gezogen werden können.

1) Verbeſſert der Clever das Land ungemein. An Orten, wo nichts wachſen wollte, hat man es ſo weit durch beſtändiges Cleverſäen gebracht, daß man darauf anjetzo Clever und Gerſte bauet, welche ſehr gut gerathen.

2) Das Clever-Heu gegen Gerſten- und Hafer-Stroh geſchnitten, giebet die ſchönſte Winterfutterung für das Vieh, daſſelbe hält ſich ſehr gut bey Leibe, und giebet gute Milch.

3) Wenn der Clever ausgedünſtet iſt, ſo fällt er ſo feſt zuſammen, daß man Mühe hat, ihn in der Scheune loß

dadurch entſtehet ein leerer Raum, durch welchen die Feuchtigkeit ausdünſten kann. Ich dachte alſo mich auf immer durch einer ſolchen beſtändigen Verrichtung auſſer Gefahr zu ſetzen.

der Stargordischen Wirthschaft.

loß zu machen, weshalb er viele Jahre, ohne zu verderben oder entkräftet zu werden, verwahrlich aufbehalten werden kann, welches denen zur Nachricht dienen wird, die nicht Standhaftigkeit genug besitzen, ihr einfältiges Gesinde zu verwehren, gegen das Frühjahr, auch wohl eher verschwenderisch mit dem Heu umzugehen, unter dem Prätext, daß es doch verderben werde, wodurch ein so schwacher Geist öfters in Noth und Kosten gesetzet wird [17].

Da

[17] Ich will denen, so überflüßig Heu zu haben sich rühmen, die Clever=Wirthschaft nicht aufdringen, im Falle es solche glückliche Wirthe geben sollte; ich glaube aber dennoch, daß auch in dem Falle, noch Clee=Koppeln angebracht werden könnten, weil dessen Vorzug gar zu sehr in die Augen leuchtet. Die Sache beruhet auf einen Mißverstand. Ein solcher genügsamer Wirth sagt: ich kann meinen Viehstand von 100 Kühen reichlich ausfuttern, Antwort: warum hälst du nicht 150? Er wird mir nimmer repliciren, daß er keine Weide habe, denn er kann Küh=Koppeln machen, aber wo bleibe ich mit allem Grase und Heu? das ist ein seltener Fall. Setze Heuhaufen wie an der Netze und Warthe, oder nimm Cavallerie=Pferde auf die Grasung. Dieses Jahr 1778. werde so viel Clever gewinnen, daß noch viele Fuder zum Verkauf übrig bleiben werden. Machet dieses in hiesiger Gegend nicht Impreßion, daß sogar für Clever=Heu kann Geld gelöset werden; so will ich dem Notenmachen auf immer entsagen; doch muß ich dem Einwurfe vorbeugen: daß ich besser thäte, wenn ich es noch meinem Vieh gäbe; es muß mir aber ein jeder bezeugen, daß niemanden, es sey Pächter oder Hofmeister, der Hexel zugemessen wird. Ein jeder nimmt

B

Da nun a Proportion der Koppeln mehreres Vieh angeschaft werden mußte, so ist nach und nach der Viehstand bis auf hundert und siebenzig Stück herangewachsen, wovon 50 auf dem Vorwerk und 50 auf der Schäferey á 5 Rthlr. das Stück verpachtet, die übrigen aber zum Behuf der Wirthschaft, auf dem Herrnhofe stehen [18]). Kälber werden gar nicht aufgezogen, weil man eine ausgemerzte Kuh vor 3 Rthlr. verkauft, und in der Gegend von Polzien eine schöne junge Stärke, so schon gerindet hat, für 5 Rthlr. einkauft. Wenn zu diesen 170 Kühen noch die Bullen und Zugochsen gerechnet werden: so müssen zwey hundert Hauptvieh durch den Winter gebracht werden, und dieses ist möglich gemacht worden. Das Rauchfuttern ist gänzlich abgeschaffet, außer das wenige Heu [19]). Aller Clever wird gegen Hafer-

so viel als das Vieh immer fressen mag, das Stehlen aber wird hart bestraft. Ich habe das Futter im Ueberfluß, und habe jederzeit einen Greuel für eine kümmerliche Wirthschaft gehabt, und um mich aus solcher zu reißen, weder Kosten noch Mühe gesparet. Ich rechne von medio Octobris bis 1. May, auf jedes Haupt Vieh ein starkes zweyspänniges Fuder.

18) Die Pachtungen sind so eingerichtet, daß die Kühe eisern bleiben, die Pächter können damit schalten, kaufen, verkaufen, wie sie wollen, nur müssen sie allemahl complet, niemahls weniger wie 50, noch über 53 haben, und müssen solche beym Abzuge ohne Tadel abgeliefert werden, wofür sie jährlich 20 Rthlr. zur Rekrutirung bekommen.

19) Wenn die Heu-Erndte hier glücklich von statten gehet, so gewinne ich 250 Fuder Heu, wie sie von zwey kleinen Bauer-

der Stargordtschen Wirthschaft. 19

Häfer- und Gerstenstroh geschnitten, und weil mit Menschen solches nicht zu zwingen war: so ist eine Hexelmühle erbauet worden, welche von 8 Ochsen getrieben wird und alle Stunden 100 Scheffel gehäuften Hexel liefert. Weil man mit 26 Ochsen alle drey Stunden abwechseln kann: so dienet es ihnen zu einer Bewegung, und ist ihnen nützlich, damit sie sich im Winter nicht steif stehen, und bey der Frühjahrs-Beackerung desto disposter sind. Hiezu wird erfordert der erste Hofmeister, welcher bey der Hexellade stehet und remediren muß, wenn etwas an einer so compliquirten Maschine wankelbar wird; ein Mädchen, welche ihm Stroh und Clever zuträgt, und endlich ein kleiner Junge, welcher auf dem Kammrad stehet und die Ochsen antreibet. Der Ochsen-Junge treibet indessen die Ochsen zum wechseln ab und zu, und futtert sie im Stalle mit nähmlichen Hexel. Es thun also ein Knecht, eine Magd und ein Junge so viel Arbeit, als 20 der tüchtigsten Knechte nicht würden verrichten können.

B 2

Pferden Bergan gezogen werden können, dazu ist es noch mager und schlecht, dieses wird für die Schäferey, Stall-Pferde und Rindvieh vertheilet, und so zu sagen zur Schau vorgesetzet, hauptsächlich bekommen erstere reichlich. Meine Wirthschaft ist noch zu neu, als daß man sich bey andern Vieh desselben enthalten solle. Ich kann versichern, daß das Vieh es bey dem schönen Clever-Hexel meist unter die Füße ziehet, dennoch sehe man mein Vieh im Winter, so wird man seine Freude haben, daß 800 Stück Schafvieh bey fast 3000 Stiegen Roggen nicht zu kurz kommen, ist zu vermuthen, und daß von den Regenwaldischen Waldwiesen, als das beste, kömmt vor die Jährlinge.

nen. Eine solche Häcselmühle nebst der angehängten Cleverscheune, kann nicht über 300 Rthlr. kosten, wenn sie gekleimet und mit Stroh gedeckt und alles dazu gekauft werden muß.

Bey einem solchen großen Viehstand wurde eine große Menge Mist gewonnen [20]), weshalb die Aecker erweitert wurden, und anstatt, daß solche vorhero nahe um das Dorf lagen: so wurden alle bewachsene Fluhren bis an die Gränzen urbar gemacht. Wie dieses geendiget: so sahe man ein, daß die alte Methode mit zwey Ochsen und 2 Rinder vor einem Pfluge lächerlich war, man schafte letztere ab, und kaufte tüchtige Zugochsen, und um die Arbeit desto mehr zu befördern, führte man die Wechselpflüge ein. Es waren vor diesem vier kleine Familien gehalten worden, welche alle Tage jede eine Person in den Garten schicken mußte, dafür bekamen sie Hau-

---

[20]) Mist ist hinreichend, und glaube, daß das Verhältniß mit Acker- und Viehstand nunmehro fertig ist, und die Anstalt zur Ausführung über 6000 Fuder vorgekehret, wie man in einer folgenden Note sehen wird, wozu noch der Hürden-Schlag kömmt. Sollte uns Gott mit einem Viehsterben strafen: so ist genugsamer Mergel vorhanden, womit man sich so lange helfen kann, bis diese Strafruthe vorüber gehet, hiezu wollte ich meinen Mergel sparen. Allein, wie ich eine ganz neue Schöpfung im Schlawischen Kreise auf einer Reise, und den erstaunlichen Effect auf Aeckern sahe, die sonsten vorzüglich Buchweitzen trugen, nun aber dem fettesten Boden nichts nachgaben: so wurde mir die Zeit zu lange, und ich mergelte los.

Hausung, einen Gartenfleck, Deputat und im Winter die Dresche. Dabey durfte sie eine Kuh, Schweine und Gänse halten auf freyer Weide. Dieser Dienst war durch Connivenz der Gärtner dahin gediehen, daß von Marien bis Michaelis nur täglich meistens ein Kind oder altes Weib erschien, das Deputat wurde verzehret und keine Arbeit geschahe. Diese vier Familien wurden also zu kleinen Cossäthen gemacht, sie behielten vorige Beneficia [21]), aber anstatt in den Garten zu gehen, mußten sie, der Mann 48 Tage und die Frau eben so lange bey der Wechselpflüge arbeiten, dabey jeder eine Insfrau einnehmen, welche von Marien bis Michaelis alle Woche einen Tag in den Garten giengen, und unschichtig mit andern Haußinnen die Postreisen verrichten mußten. Neue Haußinnen-Häuser waren erbanet, und noch vier neue Cossäthen creiret, welche mit den obigen gleiche Vortheile genossen. Ihre Feldarbeit wurde folgender

Gestalt

---

21) Eine solche Familie bekam, und bekömmt es noch, 4 Scheffel Roggen, 2 Scheffel Gerste, ein halb Achtel Butter, 60 Käse, 1 Scheffel Roggen in der Erndte vors Tassen und Aufsetzen, Bier in der Erndte, freye Hausung, Strauch, welchen er sich selbst karret, einen Gartenfleck, freye Weide für eine Kuh, ein Schwein, Gänse ꝛc. wie auch Erlaubniß Bienen zu halten, jedoch mit der Herrschaft zur Hälfte, dafür muß er und seine Frau ein jeder 48 Tage bey dem Pflügen, und also beyde 96 Tage dienen. Er hat die Dresche, und muß eine Haußinnen-Frau einnehmen, welche von Marien bis Michaelis alle Woche einen Tag in den Garten, oder wozu sie gefordert wird, dienet, und gleich zur selben Zeit die Post-Reisen nach Plathe d. l. zwey Meilen verrichtet.

Gestalt eingerichtet. Die sechs Pflüge spannen um 5 Uhr Morgens an, pflügen bis 3, nach einem Frühstück gehet die zweyte Wechselung bis Mittag. Um 1 Uhr kommen die ersten Ochsen wieder, und um 5 Uhr wird zum letztenmahl gewechselt, und um 7 Uhr die Arbeit vollendet. Alle Leute bleiben den ganzen Tag auf dem Felde und kommen nicht nach Hause. Hiebey ist der erste Hofmeister, der Ochsen-Junge und vier kleine Cössäthen; ein aparter Mensch treibet die Ochsen ab und zu, futtert sie so lange, bis Weide genug vorhanden, in dem Stalle, oder treibet sie auf die Weide. Im Herbste, wenn die kurzen Tage einfallen, wird nicht mehr gewechselt, sondern die Sommer-Brache mit 12 Pflügen herumgebracht [22]), wozu 10 Hofedienste gegeben werden, im Fall die 96 Tage von den kleinen Cossäthen abgethan wären. Hierdurch hat man es dahin gebracht, daß der Acker besser bestellet wird; indem selten die Bauren zum pflügen kommen, und die große Quantität Dünger zeitig ausge-

---

22) Die ganze Sommer-Brache vorm Winter umzustürzen, kömmt einem im Frühjahre sehr zu statten, und eine lange Erfahrung hat gezeiget, daß solches dem Acker nützlich sey, die Ursache ist mir unbekannt, ob schon Gelehrte die Influenzien, so sich aus der Luft mit der Erde vermischen, so genau beschreiben, als wenn sie den ganzen Prozeß davon mit angesehen hätten. Ich gewinne auch dabey die Zeit, meinen Dünger im Frühjahr auf das Brachfeld zu schaffen, zumahlen ich mich niemahls bey so kalten Frühjahren, wo noch öfters Ende Aprils Fröste einfallen, mit der Sommer-Saat übereile, und zufrieden bin, wenn die Gerste auf Johannis in der Erde.

der Stargordtſchen Wirthſchaft. 23

ausgefahren werden kann [23]). Die Wendfahre iſt ſchon abgeegget, ehe die Roggen-Erndte angehet. Gleich nach dieſer, ſo bald man mit aller Macht Saatkorn hat, gehet das Säen an. Dieſes Jahr 1777. iſt mit dem Brach-Roggen den 25ſten Auguſt der Anfang, und den 11ten September der Beſchluß gemacht worden. Wegen der ſpäten Reife des Sommer-Korns iſt der Stoppel-Roggen nur erſtlich den 7ten Octobris untergekommen, bleibet alſo noch etwann zu 12 Scheffel auf den letzten Hürdeſchlag übrig.

Die Erndte wird mit vielen Menſchen getrieben, vier Häusler [24]) ſind angeſetzt, welche, der Mann mit der Senſe, die Frau mit der Harke in der Erndte und Heuen 24 Tage ein jeder erſcheinen müſſen. Hiezu kommen 14 Knechte, eben ſo viel Mägde und alles was man auftrei-

B 4 ben

---

[23]) Da ich dieſes Jahr 1778. meine ganze Brache abgedünget und umgepflüget hatte; ſo blieb mir noch gar viel übrig; ich ließ alſo noch einmahl damit die Brache überfahren, ſo weit es reichen wollte. Der Herbſt-Miſt wird dennoch auf eine Clever Koppel gefahren und gegen den Winter untergepflüget, welche ebenfalls durchaus fett gemacht wird. Von zweymahl Bemiſten, wird wohl in Pommern noch kein Exempel ſeyn. Weil nun der Schäfer nicht volle Arbeit haben wird; ſo ſoll er noch die Clever Koppel, welche 1779. Gerſte mit Clever tragen ſoll, abhorden, bis ihm der Froſt und die Mergel-Kaſten daraus vertreiben.

[24]) Dieſe bekommen Hauſung, einen Gartenfleck und die Dreſche, übrigens alles wie die Coſſäthen, jedoch weder Deputat noch weniger Erlaubniß eine Kuh zu halten.

ben kann. Wenn so viel Roggen in Stiegen stehen, daß mit allen Wagen eingefahren werden kann; so kommen alsdann die 13 Bauren mit ihren Weibern, welche den Tag mähen und binden, folglich ist kein Tag, daß nicht 18 Mäher und so viel Binder in der Arbeit wären. Es ist daraus abzunehmen, in wie wenigen Tagen eine solche Erndte beschlossen wird, wenn nur die Witterung favorisiren will.

Dieses Einfahren geschiehet darum, daß man das Saatkorn gleich ins trockene bringen, und auch früher zur Saat dreschen könne.

Den Erndte-Zettel von diesem Jahre 1777. will man mittheilen:

Roggen	von 496½	Scheffel	Einsaat 2900	Stiege
Gerste	— 84	— —	— — 492	—
Hafer	— 354	— —	— — 1158	—
Erbsen	— 5½	— 38 Fuder oder	76	—
Buchweißen	6	— —	— — 39	—
Summa	946		Summa 4665	

NB. Da das Stroh sehr lang war, so sind die Garben außerordentlich groß gerathen. Vom Getreide sind angefüllet worden, sieben Scheunen, ein Kuhstall, der Fräuleins Brands Ställe und Remise, die meisten Scheunfluhren, und haben noch müssen 500 Stiege Hafer in einem Miethhausen gesetzet werden.

Ursprüng-

Ursprünglich waren nur drey Scheunen, und solche fast niemahlen voll; 4 sind also neu gebauet worden. Hier ist das Detail nebst einigen Anmerkungen, von allen meinen neuen Gebäuden. Vorläufig zeiget man nur an, daß die Gebäude keine Schwellen haben, dagegen tüchtige gemauerte Fundamente, alle Fächer ausgemauert, und das Holzwerk nicht daran gesparet ist.

1) Die Hexel-Mühle nebst Clever-Scheune. Die Maschine hat der Mühlen-Baumeister Reinhard, welchen der geheime Rath von Brenkenhof recommandirte, vor 130 Rthlr. gemacht. Das Räderwerk an der Hexel-Lade kam von Landsberg an der Warthe, und kostete 30 Rthlr. Uebrigens hat der hiesige Schmid an Eisen 700 Pfund verarbeitet. Das Mühlenholz ist aus hiesigen Forsten. In 6 Wochen, nachdem das Fundament geleget worden, ist alles verfertiget.

2) Die zwey Scheunen unter einem Dache auf der Schäferey, wovon die kleinste zur Saat-Scheune dienet, worin im Winter die Hammel und Lämmer stehen, weil der Schafstall zum Kuhstall für die 50 Pacht-Kühe genommen wird.

3) Das Vorwerk, bestehend in einem Pächter-Hause, wo, ungeachtet dessen Gelaß, wegen der Molkerey, noch für drey Familien Wohnung ist. Es hat noch ein oberes Stockwerk, und weil es hoch lieget, so ist ein Thurm zur Risalit vorgesetzet, worin die Treppe ist. Es ist darum so gebauet, weil es sehr weit

gesehen werden kann, und, da es vor einem hohen Birkenholze stehet, ein hübsches Ansehen hat. Dabey ist ein Kuhstall zu 50 Pacht-Kühen, und zwey mittelmäßige Scheunen.

4) Die Ziegeley bestehet aus einem Hause, einem gemauerten Ziegel-Ofen, einem dergleichen Kalk-Ofen, einem Behältniß zum Kalk, und einer Ziegel-Scheune; letztere ist wegen ihrer wohlfeilen Bauart zu bemerken [25]). Sowohl Mauer- als Dach-Steine, wie auch Kalk, sind von der besten Art.

5) Die Schmiede. In derselben ist die Esse und alle Bequemlichkeit, und eine Scheune, welche zum Stall und Futter dienet. Vormahls war der Schmidt eine halbe Meile weit in einem fremden Dorfe.

6) Ein

[25]) Wie ich diese bauete, so hatte vorhero Schiffsholz schlagen lassen. Davon blieben mir starke Stücken übrig. Diese ließ ich in die Erde setzen und scharf abschärfen; darauf wurden die Sparren aufgesetzet, und gut mit Sturm-Bändern befestiget. Das Richten war gefährlich, gieng aber glücklich von statten. Inwendig längst der Scheune sind eine Art Leitern eingesetzt, worauf die Dachsteine trocknen. Dieses Gebäude, so leichtsinnig wie es auch scheinen möchte, hat seit 11 Jahren gewaltigen Stürmen widerstanden, und liefert auf jeden Brand 18000 Mauer-, und 10000 Dach-Ziegel, ohne die Pfannen.

6) Ein Krug, worin noch ein honettes Zimmer und eine Haußinnen-Wohnung ist.

7) Ein Haußinnen-Haus zu einer Familie am Born-Berge.

8) Ein klein Familien-Haus zu zwey.

9) Ein dito zu drey Familien.

10) Ein dito zu vier.

11) Das Back-Haus vor dem Hofe, in welchem der Back-Ofen mit maßiven Mauern umgeben ist. Vor demselben eine ziemlich geräumige Back- und Brach-Stube.

12) Ein Familien-Haus zu zwey Familien.

13) Eins auch zu zwey dito.

14) Eins auch zu zwey dito.

Ungerechnet zwey neue Bauer-Höfe und andere Bauern-Scheunen und Ställe. Alle Gebäude sind mit maßiven Feuer-Mauern und Schorsteinen. Man siehet hieraus, daß 23 Familien-Wohnungen neu, ohne alle Asistenz erbauet sind, wozu noch kömmt, daß, da man sich mit dem Prediger wegen seinen Acker gesetzet, noch ein neuer Bauer-Hof entstanden, wie denn auch ein Halb-Bauer zu einem ganzen Bauern gemacht ist. Dieses

ses alles hat die Population dermaßen befördert, daß anjetzo 170 Seelen mehr im Dorfe sind als vor dem Kriege.

Zur Acker-Arbeit werden gehalten 27 Ochsen und 2 Pferde.

An Gesinde:

1) Der erste Hofmeister, der Vorpflügen muß, und im Winter die Hexel-Mühle respiciret, und die Ochsen futtert.

2) Ein Ochsen-Junge, welcher pflüget, die Ochsen im Winter zur Mühle bringet und futtert.

3) Der zweyte Hofmeister, welcher bey dem Fußdienste beständig zugegen ist, und im Winter die Kühe futtert.

4) Der Hof-Knecht, welcher mit seinen zwey Pferden bey allen Fuhren voran fähret, und auf die Bauerknechte die Aufsicht hat.

Hiebey ist zu bemerken, daß man so viel wie möglich niemahlen die Dienstzeit vereinzelt, sondern immer in einem Trupp zusammen behält.

5) und 6) zwey Vieh-Mädchen.

Dieß ist alles Hof-Gesinde. Jedem Kuh-Pächter wird noch eine Magd gehalten, welche aber in den Erndten mit arbeiten müssen; imgleichen ein Junge, welcher die Ochsen zur Pflugzeit zutreibet und futtert, und ein armes

mes Kind, welches das Federvieh und Küchen-Hammel auf die Weide treibet, und damit kömmt man reichlich aus.

Mit der Schäferey wollte es auf keine Art einen Fortgang gewinnen, und solche wurde von Jahr zu Jahr immer schlechter. Man entschloß sich also, selbige an den Schäfer überhaupt zu verpachten. 600 Stück Herrn-Schafe wurden zu 300 Rthlr. verpachtet, und hat man also keinen Verdruß damit, und da der Schäfer baare Caution gemacht hat; so klopfet man ihm bey jedem Exceß auf den Beutel.

So weit hat man es hieselbst mit der Wirthschaft gebracht. Es bleibet aber noch vieles zu verbessern, und ist zu vermuthen, daß, da dem Acker beständig mehr und mehr mit Dünger und Mergel aufgeholfen wird, der Ertrag des Gutes immer zunehmen müsse [26]). Folgende Gründe

[26]) Man hat von mir begehret, daß ich den vorigen Ertrag des Gutes mit dem jetzigen vergleichen möchte. Eine Genauigkeit kann ich hierin nicht prästiren: denn ich müßte die vorigen Administrations-Rechnungen zur Hand nehmen, und diese sind Lügen, weil der damahlige Inspector, so vor und während dem Kriege dieses Gut verwaltet hatte, ein negligenter und schlecht denkender Mensch ist; ich muß also die Sache historisch behandeln, und dieses ist Leitfadens genug, um einen erfahrnen Wirth auf den rechten Schluß zu bringen. 1740. da die Pacht aufgehoben war, und meine selige Mutter, nach dem Tode meines Vaters, sich hieher begab, woselbst sie 1751. gestorben, ist ein Inspector hier gewesen. Ihre Domestiquen mochten wohl mit den meinigen meh-

Gründe haben den Besitzer dessen vermocht, diese detaillirte Beschreibung publik werden zu lassen.

1) Alle Neuerungen finden Widerspruch, und der glückliche Erfolg erweckt Neid. Alle Menschen urtheilen, und

nes Sohnes seinen zutreffen; der Aufwand ihres Tisches aber, den meinigen um die Hälfte übersteigen. Sie hatte sechs Kutsch=Pferde, ich acht, und zwey Reit=Pferde; wöchentlich giengen Wagens nach Lassehne, wo ihnen auf den halben Weg alle Victualien an Roggen, Hafer, Malz, Butter, Käse, Schweine, Kälber, Gänse ꝛc. entgegen kamen, Milch zur Küche, Thee und Caffee wurde meistens von den Bauern gekauft. Mit einem Worte, das Gut brachte nichts. Nun kommt die brillanteste Epoque von 1752. bis zum siebenjährigen Kriege. In dieser habe einmahl nahe an 700 Rth.r. bekommen, sonsten sehr weit darunter. Die erstaunendste Erndte ist von 1500 Stiege Roggen gewesen, wovon 1100 Scheffel gedroschen worden. Der Zeit des Krieges bis 1764. will ich nicht gedenken; Brandtwein ist vordem niemahlen gemacht worden, und nun macht der Debit desselben einen Artikel von 300 Rthlr. aus. An Roggen mochte etwas über 200 Scheffel, Gerste etwan 100, Hafer etwas mehr ausgesäet worden seyn, aber wie? Da kein Mist da war, und von den 3 Scheunen war die eine immer halb leer, auch hatte man Aecker, wie noch an den meisten Orten üblich, wovon einige alle 6 Jahre, andere nach 9 Jahren besäet werden, nachgehends wieder liegen bleiben. Die jetzige Wirthschaft liegt nun jedermann vor Augen, und würde ich von denen, die sich vor Zahlen lesen fürchten, doch nicht verstanden werden, wenn ich mich noch so weitläuftig einließe. Nur will noch anzeigen, daß jetzt im Junio 1778. 1500 Scheffel Roggen, 2000 Scheffel Hafer und 500 Scheffel Malz zum Verkauf vors erste parat liegen.

und wenige sind geschickt, die Sache einzusehen. Die vernünftigsten Einwendungen, die man gemacht hat, sind die, welche ich gleich beantworten werde: denn die Reden so aus Unsinn, worunter sich Calumnien mischen, geführet werden, sind der Verachtung werth, und die Dumheit ist an sich schon die größte Strafe.

a) Man kann nicht glauben, daß man nicht an der Aussaat verliehren sollte, wenn man den besten Acker zu Clever-Koppeln nehme. Dieses hat wohl darum Platz gegriffen, weil man sich den Clever gar zu delikat vorstellet. Wenn man aber erst weiß, daß er sich mit mittelmäßigem Acker begnüget, dabey aber sich auch bedeuten läßt, daß derselbe das Land dermaßen verbessert, daß ein jedes, wenn es nur nicht ganz unfruchtbarer Boden ist, zu Gerst-Land werden muß; so wird derselbe in 5 Jahren mit 2 Gersten-und einer Roggen-oder Hafer-Erndte, und vier Clever-Schnitte zufrieden seyn können, und müßte mich sehr irren, wenn eine solche Koppel im Ertrage nicht einer eben so großen Wuhrte [27] um ein vieles übersteigen sollte.

b) Eine

[27] Eine Wuhrt, oder nach hiesiger Sprache, Wöhrde, ist ein nahe beym Hofe befriedigtes Ackerstück, welches alle Jahre mit Getreide besäet, worauf der meiste und beste Mist verschwendet und dem übrigen Acker entzogen wird. Die Bauren haben auch dergleichen, aber solche sind meisten unbezäunet; diese Erklärung ist um desto nöthiger, weil es außerhalb nicht möchte verstanden werden.

b) Eine solche Wirthschaft erfordere einen Aufwand, den nicht ein jeder machen könnte. Es muß freylich ein jeder mit seinem Beutel Rechnung halten; darum ist und bleibet die Sache einmahl gut, und wer es thun kann, muß es darum nicht unterlassen, weil ein anderer es nicht kann. Hier ist nur die Rede: ob eine solche Wirthschaft nützlich sey? daß aber auch solche nicht so halsbrechend sey, wie man glaubet, werde ich zu beweisen suchen. Ich setze zum voraus, daß wohl in unserm Pommern kein Guts-Besitzer seyn werde, welcher nicht eine bewehrte Wurth habe; bewehrt sage ich, denn ohne Bewehrung läßt sich keine Clever-Koppel gedenken. Diese braucht, wenn sie noch in gutem Miste ist, nicht von neuem vors erste gedünget zu werden. Der Clever wird schon das Seinige thun. Dieser wird im Herbste gestürzet, zu seiner Zeit im Frühjahr gewendet und abgeegget, Gersten untergepflüget, übergeegget, und auf jeden Scheffel 5 Pfund Clee-Samen mit seiner Erde vermischt, übergestreuet, und nur einmahl mit der Egge leicht übergefahren. Hier kömmt also die erste Unkostung in Rechnung. Der recht echte Clever-Samen wird wohl 6 Ggr. das Pfund kosten. Diese Depense fällt aber nur die ersten zwey Jahre vor, nach der Zeit machet man sich vom Verkauf desselben reichlich schadlos [28]). Wenn die reife Gerste

---

[28]) Man hat immer geglaubt, daß man nothwendig die reinste und beste Saat haben müsse. Ein Jahr, da wegen des nassen Herbstes der meinige nicht gerathen war, kaufte ich neuen. Von den meinigen, welcher wie Kaff war, besäete ich ein Stück auf der Straße, etwan zu zwey Scheffel Aussaat mit Hirse. Ich habe das zwepte und dritte Jahr in meinem

Gerste abgebracht ist: so wird das Aehrensammeln gänzlich verbothen, auch Puthen, Gänse, Enten ꝛc. sorgfältig davon abgehalten, weil der junge Clever ruhig liegen bleiben muß. Zu einer Clever-Wirthschaft gehöret mehr Standhaftigkeit, als wie man glaubet; es prüfe sich also ein jeder, ob er solche besitzet, wo nicht, so lasse er das Ding bleiben, denn andere möchten demselben, um ein Compliment zu machen, dessen Schwäche mit Blamirung dieser Wirthschaft beschönigen wollen. Meine Anrede gehet also nur an diejenigen, die Herren über ihre Unterthanen, Leute, und selbst im Hause sind. Die gnädige Frau wird bis zu Thränen gerühret werden, wenn die alten Weiber über das Verbot des Aehrensammlens wehklagen. Die jungen Kälber, vielweniger die Puthen und ander Feder-Vieh, sollen nicht von dem schönen jungen Clever profitiren, und Unglück über Unglück! wenn etwan ein Platz mit eingezäunet ist, der sich gut zum Flachsbau geschickt hätte. Denn, saget sie: das Hüten könnte nicht schaden, weil doch das aufgeschossene im Winter verfrieren würde. Und wie kann ich dich mit Leinen, und deinen Tisch mit Speisen versehen? verflucht sey der, welcher die Tollheit mit dem Clever aufgebracht hat. Aber nur Geduld, gnädige Frau! die alten Weiber werden getröstet werden, wenn ihnen die zweyte Gerste zum sammlen gelassen wird. Man wird ihnen einen größeren Platz zur Lein-Saat verschaffen,

sollte

Leben nicht schöneren Clever gehabt, und könnte es mit ihm eben die Bewandniß als wie mit dem Buchweitzen haben.

C

sollte er auch gekaufet oder gemiethet werden. Für diese Gelassenheit verspreche ich ihnen zukommendes Jahr mehrere Kühe, reichlichere und bessere Milch, und hoffe also: daß sie mir verzeihen, und ihren Fluch zurück nehmen werden. Der Schäfer will sich auch in die Koppel drängen, ob zwar der Clever den Schafen nicht nützlich ist, und der erste Frost dem abgebissenen Clever in das Herz tritt, und die Erndte desselben vereitelt. Der größte Verdruß kömmt von den Dorf-Einwohnern, welche abgesagte Feinde von allen Gehegen sind, so der Herrschaft gehören, auch, um 10 Schritte in die Richte zu gehen, Fußsteige von vielen hundert Schritten machen, alle Bewehrungen durchlöchern und sie nieder treten, wodurch auch ihre Schweine und Gänse Gelegenheit nehmen, großen Schaden zu thun. Dagegen ist wohl kein anderes Mittel, als der Prügel, wenn Warnungen nicht helfen wollen, und einiges Vieh todt schießen zu lassen. Es kann geschehen, daß zuweilen solches dem herrschaftlichen selbst betrifft. Dieses hat aber doch den Nutzen, daß die Aufseher sich dafür schämen müssen, und Hirten und Gesinde besser im Zaum halten. Eine Hauptsache ist noch, daß man dem Kutscher und Stall-Leuten, den Clever, er sey grün oder Heu, mit aller Strenge leid mache. Diese werden auf das grüne Futter dringen, und sich mit Gewalt an die Scheunen machen. Dieses sind gefährliche Feinde; dafür dienen hieselbst gute dichte und verschlossene Scheunen, und besonders den Thäter krumm doppelt zusammen geschlossen, am würksamsten.

Nun

Nun kommen wir zum zweyten Jahre, worinn die Clever Heu-Erndte nach Maßgabe geschiehet, und die Schonung wird noch strenger beobachtet.

Im dritten Jahre wird beym zweyten Schnitt so viel zur Saat stehen gelassen, wie man zu brauchen, oder zu verkaufen gedenket. Nun kann hüten wer da will, nur daß der Saat-Clever bis zur Reife geschonet wird, und die Koppel zur künftigen Gersten-Saat vor Winters gestürzet wird.

Im vierten Jahre nach der Gersten-Erndte wird das Aehrensammlen verstattet, ist der Acker noch kräftig, so wird gegen den Winter zu Hafer gestürzet, in beyden Fällen verspreche ich eine gute Erndte.

Im fünften Jahre ist die Roggen-Erndte, und wird die Hütung bis zum Umsturz gegen den Winter verstattet.

Im sechsten Jahre wird gedünget, und wie im ersten Jahre procediret. Wenn nun alle Jahre eine neue Koppel angeleget wird, so ist die Wirthschaft bey der fünften in einem vollkommenen Schwunge, und kann so lange dauren, wie ein vernünftiger Mann davon ein Besitzer ist. Die Bewehrung kann keine Schwierigkeit an den meisten Orten finden, weil noch meist allenthalben Strauchwerk ist, und das ewige Zäunen bey meinen Landsleuten zur andern Natur geworden zu seyn scheinet. Bey Gütern, wo dieses auch fehlet, kann solchen durch Graben, wenn nur Herren-Auge und Schärfe dabey ist, abgeholfen werden.

Nun muß freylich Anstalt zu einer Clever-Scheune gemacht werden, mehrere Kühe verlangen größere Ställe, mehreren Mist, größern Scheunen-Raum. Dieses kann ein jeder nach und nach auf das leichteste und wohlfeilste einrichten, weil hiebey die Pracht nicht hilft, und da die mehrere Arbeit auch mehrere Arbeiter erfordert: so muß man an Haußinnen-Häuser denken. Weil aber alles dieses nicht auf einmahl kömmt: so wird ein jeder guter und fleißiger Wirth schon a Proportion zu Kräften kommen, daß er solche Auslagen wird bestreiten können. Es ist wahr, daß die ganz matten und auf dem Banquerot stehenden gar nichts vermögen; aber diese müssen ebenfalls bey der alten Wirthschaft die Hände in Schooß legen, und ihr trauriges Schicksal geduldig abwarten. Wenn es nicht zu verwegen wäre; so würde ich sagen, daß, wenn man einen Theil der Meliorations-Gelder zu einer solchen Verbesserung der schon subsistirenden Güter angewendet hätte, vielleicht der Endzweck des Königs würde sicherer erreicht seyn. Hier bey Stargordt, wo sich die Population von selbsten eräugnen müste [29]), hat man

[29]) Wie ich die Population zuwege gebracht habe, ist diese: Ich bauete gute Häuser, gab Knecht und Magd zusammen, und setzte sie darinn. Einige Knechte holeten sich fremde, fremde nahmen hiesige Mägde, und gaben sich unterthänig. Fremde freye Leute kamen mit dergleichen Bräuten und wurden Unterthanen, allen wurde die Hochzeit ausgerichtet. Dieses alles hätte nicht geschehen können, wenn der hiesige Verdienst nicht bekannt gewesen wäre. Zwölf Familien nähren sich von der Dresche. Es rouliren alle Jahre ein paar hundert Reichsthaler, für Raden, Holzhauen, Poßbacken,

der Stargordtschen Wirthschaft.

man die Folgen davon gesehen. Man sehe den Pommerschen und Neumärkischen Wirth, eine Wochenschrift, des nicht genugsam zu rühmenden Schriftstellers, des Herrn Präsidenten von Benkendorfs nach, und calculire, wie viel tausende verwandt worden, ehe eine solche Vieh-Vermehrung, wie hier, und 170 Seelen herauskommen, wobey anzumerken, daß in Stargordt gar kein Bettler, und alle zureichenden Unterhalt haben, welches bey jenem zu erwarten und zu wünschen ist.

Die zweyte Ursache dieser Kundmachung ist, daß es sehr nützlich wäre, alle Wirthschaften, sie mögen seyn wie sie wollen, zu detailliren. Das lesende Publicum kann immer einen Nutzen davon spüren, das Gute kann nachgeahmet, und das Schlimme vermieden werden. Man lese des Engländers Roungs ökonomische Reisen, man wird darin Wirthschaften antreffen, vor welche man sich aus Ehrfurcht auf die Knie werfen würde, und andere worauf man spucken möchte, und doch ist alles instructiv. Die patriotische Gesellschaft in Schlesien hat dieses eingesehen. Sie hat expreß einen nach Naulin bey Pyritz [30]) gesandt, welcher die dort so gerühmte

C 3   Wirth-

für die Handlanger 2c. auch sind Schmidt, Ziegelbrenner, und Handwerker angesetzet. Man schaffe Verdienst, so werden sich Menschen finden. Das Spinnen und Weben ist auch eine große Hülfe, und je größer die Wirthschaft, je mehr Hirten von aller Art müssen seyn.

30) Naulin lieget im Weitz-Acker, d. i. in der Schmalz-Grube von Pommern, es wird wohl also diese Wirthschaft

Wirthschaft besehen sollte, wie aus ihren ökonomischen Nachrichten zu ersehen.

Die schwerlich nachzuahmen seyn, wo man nicht auch einen solchen gesegneten Acker hat. Stargordt hat einen leichten Boden, welcher sich an andern Orten gar oft findet. Bey dem ersten bietet die Natur die Hand, beym letzten muß derselben geholfen, auch wohl durch Industrie bezwungen werden. Hier frägt es sich, welchem vom starken oder Mittel-Acker der Vorzug gebühre. Bey glücklichen Jahren ist es freylich angenehm, wenn man hundertfältige Früchte einerndtet, und machet ein großes Aufsehen; indessen ist auch ein totaler Mißwachs nicht selten, weil die Natur immer die Gieß-Kanne in ihrer Gewalt halten muß; wo ist wohl ein solcher Mensch, welcher nicht bey vielen Einnahmen auch mehr darauf gehen läßt? gar wenige legen so viel zurück, daß es sie schadlos in widrigen Stücken halten könnte. Die Wirthschaft ist gemeiniglich kostbar und beschwerlich zu führen, es fehlet auch ordinair an Wiesen oder Holzung, folglich an Hütung. Ein Mittel-Boden bringet nicht so viel ein, allein, es ist immer so viel gewachsen, daß es seinen Herrn nähret, und er nicht kaufen darf. Der Ackerbau ist nicht beschwerlich, und kann mit geringen Kosten geschehen, und alle Regalien sind vorhanden. Man wird mir also nicht verargen, wenn ich dem letztern die Präference gebe, auch nicht eines Neides beschuldigen: denn ich rede aus der Erfahrung. Ich habe drey Güther in verschiedenen Lagen: Lassehn an der Ost-See, dieses ist mir zu groß, weil es eine Meile in die Länge hat, und aus sechs Ackerhöfen bestehet, wovon ein jeder eine eigene Wirthschaft ist. Der Acker ist schmierig und unzeitig, das Clima rühe, und es fehlet an Holz. Pomellen bey Stettin, hier ist alles purer guter Ackerbau, ist sehr ergiebig, die Wirthschaft aber kostbar, und ist weder Holz

Die dritte, daß ich meinen Nachkommen solche, als ein ökonomisches Testament, hinterlassen wollte ³¹).

Die letzte Ursache ist, daß ich alt, jedoch noch kräftig genug bin, um dieses Vorhergehende zu vertheidigen, und jedermann dafür stehe, daß alles angegebene sich hier auf das pünktlichste so befinde. Ein Zweifler komme hieher nach Stargordt; so soll ihm alles gezeiget werden. Es giebt drey Arten von Landwirthen: die erste

noch Heu vorhanden. Endlich Stargordt, und dieses ist das Lieblings-Gut. Hier findet man alles, was man zum Vergnügen, zur Bequemlichkeit, und zum Gebrauch nöthig hat, welches sich gar selten in einem ganz fetten Boden zusammen antreffen wird.

31) Der Präsident von Benkendorf saget in seiner Oeconomia forens, daß eine auf Industrie fundirte Wirthschaft, nur öfters auf einen einzigen Menschen beruhe, und nicht von Bestand sey, es sey denn, daß der Nachfolger gleiche Einsicht habe, und in nähmlicher Verfassung stünde. Ob zwar die Clever-Wirthschaft nicht unter die Industrien gerechnet werden, kann, weil sie würklich im Guthe selber steckt; so ist die Folge von gleicher Art. Der selige Landrath von Kameke welchen man, weil er eine Anweisung zum Cleverbau hatte drucken lassen, den Clever Kameke nennete, (sollte wohl eine Satyre seyn, welche doch gegen den Spasmacher wieder zurück prellet) hatte auf seinem Guthe Barchmienshagen, seinen Viehstand von 25. auf 80. gebracht; nach seinem Tode giengen die Clever-Koppeln ein, und wurden gleich 40 Kühe abgeschaft, nun werden wohl nicht mehr als die ersten 25. dorten seyn. Wie viel hat das Gut an seinem Werth verlohren? Ich behaupte zwey Drittel.

ste sind diejenigen, die auf ihr Handwerk studirt haben, und zu schöpferischen Ideen fähig sind. Die zweyte sind die, so gut, aber nach der Gewohnheit wirthschaften, und solche setze ich in eine Cathegorie mit den gewöhnlichen Pächtern [32]). Die dritte sind diejenigen, welche ganz

[32]) Ich muß noch nothwendig einem Einwurf begegnen, welcher öfters gemacht wird, und wovon die Absichten so verschieden seyn können, daß ich mich darüber nicht weitläuftig einlassen kann; man sagt, dieser oder jener habe über die Wirthschaft geschrieben, und dennoch findet man bey ihm weder die Probe, noch die Prosperität. Dieses ist meines Erachtens eine pure Chikane, um die gute Sache zu hintertreiben. Sie machen keinen Unterscheid zwischen einem phisicalischen und moralischen Wirth; ein großer und tiefdenkender Mann, kann schöne Entdeckungen machen, sie über seine Kräfte heraustreiben, und sich dadurch Schaden thun, so wie der erste, so die bis zur Vollkommenheit gebrachte Mecklenburgsche Koppel = Wirthschaft veranstaltet hat, banquerot geworden seyn soll, wie man saget, und die Sache ist möglich. Er kann übrigens ein leichtsinniger Mensch seyn, er kann, wenn er 1000 Rthlr. einnimmt, 1500 verzehren; einen solchen betrachte man wie einen Prediger, der die schönsten Reden hält, die die, so darnach thun, gewiß zur Seligkeit leiten, obschon er, wie ein ruchloser Mensch, verdammt werden müsse. Unter moralischen Wirthen verstehet man gemeiniglich, welche nach dem alten Schlendrian wirthschaften, 800 Rthlr. Einkommen haben, davon 300 verzehren, 500 auf Renten legen, und mit jüdischem Profit ihr Capital vervielfältigen. Wer dienet nun dem Staate am besten? Allerdings der, welcher das beste von beyden combiniren kann, jedoch gebe ich dem ersten die Preference, denn er wird gewiß ein besserer Mensch seyn, wenn er sich vor Niederträchtigkeiten hüten kann.

ganz unerfahren sich vom ersten dem besten leiten lassen müssen. Diejenigen, so auf dem Lande wohnen, und sich um nichts bekümmern, kommen hier in gar keine Betrachtung: denn diese beurtheile ich, wie Reisende, welche in einem Wirthshause sind, welches sie, so bald die lange Weile gar zu sehr überhand nimmt, verlassen.

Von ersteren bitte mir Rath aus; das Gutachten der Zweyten nehme auch dankbarlich an, wenn sie mich erinnern, daß ich zu weit und zur Ungebühr von den Gewohnheiten unserer Ur-Eltern in ihren Pluder-Hosen abgegangen bin; die Dritten sollen auch gehöret werden, sobald sie mir ihr A, B, C, und Ein mahl Eins fertig aufsagen können, bis dahin werden Letztere gut thun, wenn sie mit ihrem Urtheil zurück halten, und nicht von Sachen sprechen, welche sie nicht verstehen.

Schließlich bitte ich, die nachläßige Schreib-Art zu entschuldigen. Ich habe alle meine Aufmerksamkeit auf die Sachen gerichtet, und darüber die Zierlichkeit der Worte versäumet. Stargordt, den 16. October, 1777.

Heinrich Adrian Graf von Borke.

Journal von 1778. die Clever-Wirthschaft in Stargordt betreffend.

Junius, den 9. Ist der Clever auf die untergepflügte Gerste in den in der Tabelle angezeigten Koppeln N. IV. gesäet und übergeegget.

16. Ist bey starkem Regen die Koppel N. II. abgemähet.

17. Bey duftigem Wetter, die Koppel N. III. abgemähet.

18. Ist diese bey gutem Wetter, ganz abgemähet.

19. Gegen Abend hat es geregnet.

20. Vormittag in N. II. etwas in Haufen gebracht, Nachmittag Gewitter mit starkem Regen.

21. Sonntag, vorige Nacht durch geregnet.

22. Hat es stark geregnet.

23. Gegen Abend und die Nacht geregnet.

24. Morgens geregnet, Nachmittag in N. III. etwas in Haufen gekommen.

25. N. II. fertig geworden, N. III. vieles in Haufen gekommen.

der Stargordtschen Wirthschaft. 43

Junius, d. 26. N. III. fertig geworden.
27. N. II. eingefahren.
28. Sonntag.
29. Aus N. III. eingefahren, Nachmittag geregnet.
30. Geregnet.

Julius, den 1. Der letzte Clever von N. III. eingefahren.

Zweyter Schnitt.

August, den 8. Da es vorigen Abend gewittert und stark geregnet; so hat nicht Roggen eingefahren werden können, und ist Vormittag Clever in N. III. gemähet worden.
9. Sonntag.
10. Beschluß mit der Winter-Erndte, Nachmittags Clever in N. III. gemähet.
11. Aller Clever in N. III. und II. abgemähet.
12. Ist nichts geschehen, gutes Wetter.
13. Clever in Haufen gesetzt.
14. Nachmittag aller Clever in Haufen gekommen.
15. Clever eingefahren, Nachmittag Gewitter und starker Regen.

August,

August, d. 16. Sonntag, duftiges Wetter mit Wind.

 17. Vormittag geregnet, Nachmittag Clever eingefahren.

 18. Die Nacht geregnet, doch den Beschluß mit Einfahren gemacht.

Dieses Journal von einer Clever-Erndte von 308 starken Fudern, ist deshalb mit beygefüget, damit den Zweiflern aller Scrupel, wegen der Clee-Werbung benommen werde, und zu zeigen, daß man sich keinesweges bey diesem Geschäfte, für den Regen zu fürchten habe. Alle Wirthe, die ich in meine Behälter führe, haben sich sowohl über die Schönheit und Trockenheit desselben, als über den balsamischen Geruch verwundert.

Vorlesung
in der
Patriotischen Gesellschaft
über die
Beschreibung
der
Stargordtschen Wirthschaft,
des
Herrn Grafen von Borke.

Der Herr Graf von Borke, hat von seiner neulich heraus gegebenen Wirthschafts-Beschreibung, ein Exemplar ausdrücklich für unsere patriotische Gesellschaft bestimmt. Der eigenthümliche Werth den diese Schrift hat, und der uns sonst bekannte Werth, desjenigen Mannes, der sie schrieb, erfordern billig eine besondere Aufmerksamkeit der patriotischen Gesellschaft, um so mehr, da Ihr, entweder als aufgerufener Beurtheiler, oder doch wenigstens, als besonderer Theilnehmer, die Schrift übersandt worden ist.

Ich, der ich die Ehre habe, ein Glied der patriotischen Gesellschaft zu seyn, finde mich zum wenigsten um deswillen berufen, auf diese merkwürdige Erscheinung aufmerksam zu machen, weil ich von Abstammung ein Pommer bin, und wenigstens aus Tradition noch Kenntniß der dasigen Oeconomie habe; so wie ich bekenne, daß ich im Herzen dieser meiner Landsmannschaft noch sehr anhan-

anhange — doch behutsam, in keine Art von Partheylichkeit zu verfallen. Mein Beruf ist also Societätspflicht und Vaterlandsliebe. Nun wird es nur darauf ankommen, daß ich mich diesen Beweggründen gemäß davon entledige. Ich glaube hierzu den besten Weg zu erwählen, wenn ich die Beschreibung des Herrn Grafen dergestalt durchgehe, daß ich ihre Bekanntschaft voraus setze, und zu denen Stellen, die es mir nöthig zu haben scheinen, oder wo es für uns nützlich ist, Erläuterung und Anmerkungen zusetze; und aus diesen, wenn man das Ganze wird näher übersehen haben, allgemeinere Folgen und Anwendung auf uns mache.

§. 1. Der Herr Graf fängt seine Beschreibung damit an, daß er uns mit der Lage und alten Beschaffenheit des Guts Stargordt bekannt macht. Die Lage ist in so fern unglücklich, daß es an Absatz der landwirthschaftlichen Producte fehlet, und was die erste Anmerkung pag 11. von den Städten sagt, ist ein, in jener Gegend, in der Mark, im Magdeburgischen, Halberstädtschen und ganz Niedersachsen, gemeiner Fehler der Grundeinrichtung, daß nähmlich die Landstädte nichts anders, als große Dörfer sind, und dem eigentlichen Landmann mehr zum Schaden als Vortheil gereichen, und doch auch an sich nicht blühen, wenn sie auch nur als Landbau-treibende Anlagen betrachtet werden. Auch die kleinern Städte sollten nur aus Handwerkern, Fabrikanten, worunter allenfalls Brauer, Branntweinbrenner, Stärkenmacher, mit zu verstehen sind, und aus dem übrigen eigentlichen Bürgerstande bestehen, so würden

den sie nicht nur an und für sich durch Zehrung dem Landmann Absatz verschaffen, Circulation befördern, sondern auch rohe Produkte verarbeiten, und ferner Absatz suchen. Der Fehler liegt in der ursprünglichen Einrichtung verborgen, und wird deshalb nicht leicht zu heben seyn. Die nächsten Mittel ihn zu mildern, scheinen mir die zu seyn: erstlich die Gemeinheit von allen städtischen Feldmarken aufzuheben, jedem das Gartenrecht über sein Grundstück zu verschaffen, und hierzu die Freyheit zu geben, Vorwerke, Häuser ꝛc. darauf anzubauen; so wird nach und nach die Bebauung durch eigentliche Landleute betrieben, oder doch hin und wieder eine industrieusere Nutzung entstehen, als der simpele Landmann vor der Hand bey uns zu machen im Stande ist. Zweytens, an einem jeden Orte eine Art von Fabriken oder nur Manufactur-Fleiß zu befördern, wozu entweder der Hang der Einwohner, oder die Beschaffenheit der Gegend Anleitung giebt. Denn mir scheint das sehr schädlich, wenn man an einem Orte, ja selbst in einer Provinz, alles haben will; gemeiniglich kömmt denn nichts zum Zwecke, um aber dieses zuwege zu bringen, scheint es wohl nothwendig, wenigstens bis zum Schwunge der Sache, für die kleinern Städte geringere Accise-Sätze, als große und blühende tragen können, anzunehmen.

§. 2. Was hiernächst die Klage über die vereitelte Schiffbarmachung der Rega, und über den nicht recht glücklichen Effect der zur Landesverbesserung aufgewendeten Summen betrifft; so ist solche dem Herrn Grafen, in gutem ungeschminkten Eifer für das Wohl der gemeinen Sache,

Sache, wohl nicht zu verübeln, ob es sich gleich sehr mildert, wenn man die Verbesserung des Herzogthums Pommern seit 17 Jahren, welche durch landesherrliche Zuthuung bewürket worden ist, in so weit solche nur die Büschingischen und Benkendorfischen Nachrichten enthalten a), in unpartheyische Erwegung ziehet. Für die meisten Ausländer, die sich keiner so thätigen Regierung, die Aufwand machen kann und will, erfreuen können, wird

a) Gesetzt, aber nicht gänzlich zugestanden, die dadurch angegebene Bevölkerung ist beträchtlich, ja erstaunlich; wenn man aber in Erwägung ziehet, daß in einem Lande, wo der wahre Patriotismus durch die kümmerlichen Umstände der meisten Eingesessenen ziemlich benebelt ist, daß folglich, wenn Geld ausgebothen wird, alle Hände darnach greifen, und nur auf das Gegenwärtige, und niemahls auf die Folge gesehen wird; so läßt sich vorher sagen, daß, da die Colonisten keine Nahrung haben, sie sich verlaufen, und von Spitzbuben ersetzet werden müssen, um sich nicht der Verantwortung wegen der leeren Häuser ausgesetzt zu sehen. Der reelle Vortheil müßte nun in den Revenüen bestehen, ob zwar diese von obbenannten Schriftstellern nur schlecht angegeben werden; so möchte doch nicht gerne die Gewähr dafür leisten, weil notorisch vor Augen lieget, daß durch neue Meliorationen, die alten Posessionen ruiniret, und auf letzterer Verderb angeleget sind. An den meisten Oertern heißen Meliorationen neue Vorwerke und Häusler, ob zwar erstere unnöthig, und letztere unausbleiblich verburgern müssen, und die fatalen Prozesse, die vermuthlich zwischen Lehns-Folger und Allodial-Erben erfolgen müssen, werden die Sache mehr aufklären. Genung, die Gloire des Königs bleibet immer dieselbe, und im Lande hat viel Geld rouliret. Anmerkung des Grafen von Borke.

wird es so gar ein politisches Wunder bleiben. Die vielen Werkzeuge, die bey der Ausführung gebraucht werden, die Schnelligkeit, mit der alles betrieben worden, ohne welche doch schwerlich ein Ganzes zu Stande gebracht werden kann, können nichts anders, als Spuren dieser oder jener Unvollkommenheit und Uebersehungen nach sich lassen. Es muß auch erst die rechte Reife der meisten Anlagen abgewartet werden, ehe sich ihre Vortheile in allen Theilen der Provinz spühren lassen können. Ich bin deshalb nicht in Abrede, daß eine allgemeine Landesverbesserung, durch Vorschub Sr. Majestät auf dem Wege, worauf der Herr Graf seinen Theil verbessert hat, nicht zur Bevölkerung und Produkten-Vermehrung sicherer, und in Absicht des Kosten-Aufwandes fruchtbringender seyn könne; vielmehr werde ich, davon zu erwähnen, noch Gelegenheit finden, wenn ich dieses Beyspiel von Stargordt weiter beleuchtet haben werde; aber deshalb behalten jene Verbesserungen immer ihren Werth, und werden zu ihrer Zeit das ihrige zum Flor des Ganzen auch beytragen.

Die Schiffbarmachung der Rega, wird, so bald ihre Thunlichkeit und Vortheile bekannt seyn werden, von einer so freygebigen unternehmenden Staatsverwaltung gewiß zur Ausführung gebracht werden, wenn nicht noch nützlichere oder dringendere Anlagen es aufschieben. Denn eine solche Unternehmung ist eine zu dauerhafte und wahre Verbesserung, als daß sie übersehen werden sollte. Vielleicht würde die Schiffahrt auf vielen kleinen Flüssen mehr Fortgang finden, wenn nicht zu viel verlanget wurde.

D 2

würde. Unsere gewöhnlichen Flußkähne sind für kleine Flüsse überhaupt schon zu groß, nicht flach genug, gehen zu tief, und wenn die größern Kähne sollen gehen können, so erfordert es weit kostbarere Anstalten, als es werth ist. Warum aber nicht kleine flache Fahrzeuge eingeführt, und statt der kostbaren Schleusen bey den Mühlwehren Schiffszüge, wie im obern Oderstrohm, angelegt? Dieß würde solche Unternehmung viel leichter machen, und dennoch viele Vortheile verschaffen können. Wäre es nicht schon viel gewonnen, Fahrzeuge zu haben, die nur so viel, als ein Frachtwagen trügen, welche von zwey Leuten, und also mit Ersparung der Pferde, die für das gemeine Beste sonst unnütz sind, wenn auch in doppelter Zeit regieret werden könnten, und wodurch einem ganzen Striche vielleicht erst Absatz der Producte mit allen seinen treflichen Folgen verschaffet wird? b)

§. 3.

b) Die Rega ist ein weit besserer Strohm, wie z. E. die Olau und dergleichen schlesische Ströhme; sie ist aber sehr rapide. Wenn nun die Drage, von der Aahl-Kiste bis Wubrow, in dieselbe geleitet, ihr Bette erweitert, Schleusen, wo es nöthig, angebracht, und der Hafen bey Treptow zu Stande gebracht wird, zu welchem Behufe 14000 Rthlr. erfodert werden; so können zwar die von dem Herrn von Wedel proponirte ganz kleinen Fahrzeuge, von Falkenburg bis eine Meile oberhalb Regenwalde, und nach Belieben weiter gehen; aber von letzterem Termino a quo können solche nicht mehr nützen, weil unser Transport sich auf Getreide hauptsächlich gründet, und derselbe dennoch zu weit nach Treptow ist, um mit Vortheil gegen Landfuhren betrieben zu werden. Gesetzt auch, es koste

§. 3. Auf der 11ten Seite nennet der Herr Graf den Boden von Stargordt guten Mittelboden, unterscheidet ihn von Sandflecken, und sagt von den Wiesen, daß solche kein fettes Gras hervor brächten. Man halte hiergegen, was pag. 30 und in der 30sten Anmerkung noch vorkömmt, und man wird sich daraus den deutlichern Begriff formen, daß darunter ein grauer, mit Lehmtheilen gemischter, theils auch nur durch Cultur verbesserter kühler und tragbarer Boden zu verstehen sey, dessen Hauptgrundstoff Sand ist. Ein solcher Boden ist vieler Verbesserungen fähig, und ein rechter Oeconom wird allerdings mehr sein Feld, als in dem sehr fetten finden, wo es theils auf eine Art schon heraus gesucht, die Veränderung mehr eingeschränkt ist, oder wo doch gemeiniglich die Menge fehlet, etwas Ganzes auszurichten. Zu Seite 33. wird noch eine hieher gehörige Erweiterung vorkommen. Ein jeder wird sich hieraus den Begriff nehmen können, daß diese Verbesserungen nicht besonders glückliche Grundlagen erfordern, sondern mehr gemacht sind, die schlechtern Gegenden zu blühenden umzuschaffen.

§. 4. Zu der Klage, in der Anmerkung auf der 28sten Seite, über den schlechten Gang der Verpachtungen der Provinz so viel, wie der Colbergische Westungs-Bau; so ist sie mit einem mahl in der Opulence, die sie nur immer wünschen kann, zumahl wenn die Aufsuhre frey gegeben wird. Und wie sollte nicht mancher ein treflicher Wirth werden, der sonst in der beständigen Schlafsucht seine Tage hinschlummert? A. d. G. v. B.

tungen und Verwaltungen, werden mehrere einstimmen, und den Mangel recht zweckmäßiger Polizey-Gesetze darüber empfinden, die nicht nur das Eigenthum desjenigen, der dazu genöthiget seyn kann, sicherer stellen, sondern auch die bestmöglichste Nutzung zum Besten der Societät befördern sollten. Da zeither schon so manches an den Formeln in den Rechten verbessert worden; so darf man auch nunmehr wohl desto gewisser eine Ausfüllung solcher mangelnder, so nöthiger Positiv-Gesetze erwarten.

§. 5. Bey demjenigen, was Seite 14. in der Anmerkung 8. von Vermischung des Waldes mit dem Felde gesagt wird, will ich nur anmerken, daß eine solche Lage und Mischung in allem Betracht schädlich ist. Der Getreidebau leidet darunter, und der Holzwuchs kann auf solchen Streifen auch nicht zur Vollkommenheit gedeihen. Schon daher sind solche Rohdungen rathsam, lieber dagegen, wenn ja eine Verstärkung des Holzwachses nützlich ist, einen ganzen, allenfalls den entlegensten Strich dazu gewidmet.

§. 6. Auf der 12ten Seite wird ferner der Viehstand des Guthes in der alten Verfassung aufgeführt: nähmlich 36 Stück Rindvieh, und eine zwar gute Schäferey von 700 Stück, wovon aber der Schäfer den Nutzen gezogen, und der Herr nur den Dünger gehabt hätte. Ueber die erstaunende Vermehrung des Rindviehstandes — ohne was seine innere Verbesserung betrift — werde ich hiernächst noch zu gedenken, Gelegenheit haben.

Ueber

Ueber die Aeußerung wegen der Schäferey, will ich aber folgendes beybringen: es ist dieses nicht nur in Pommern, sondern auch noch in einigen andern Königl. Provinzen, besonders jenseits der Elbe, ein allgemeiner Fehler, der zwar für den Staat gleichgültig zu seyn scheint, es aber nicht ist, denn wie kann der Eigener an Vervollkommung gedenken? Diesem könnte durch Polizey-Veranstaltungen doppelter Art etwan folgendergestalt abgeholfen werden: erstlich, müßten in Absicht der Benutzung solche Einrichtungen gemacht werden, die nicht allein die bestmöglichste Art zum Zweck hätten, sondern auch die Vortheile des Besitzers sicherer stellten. Man könnte hierzu in den hiesigen weiter gekommenen Einrichtungen, und in denen landschaftlichen Conclusis die nächsten Muster finden; hiernächst müßte aber die Landes-Polizey darinn zu Hülfe kommen, daß sie entweder in statt solche Fabriken etablirte, welche die verbesserte Wolle verbrauchen und besser bezahlen könnten, oder Anstalt träfe, diese für entfernte Fabriken aufzukaufen; das heißt, mit annehmlichen Preisen und Aufmunterung für die Verkäufer. Auf die Art würde dieser wichtige Zweig geschwind und sicher verbessert werden, und es ist kein Zweifel, daß er nicht noch sehr großer Vervollkommung und Selbstvermehrung fähig sey.

Man könnte zwar einwerfen: es sey für das Ganze nützlicher und nöthig, daß manche Striche bloß zu der geringsten und gröbsten Wolle beybehalten würden, um den feinsten Flanellen, und der schlechtesten Art von Tüchern, den Stoff zu verschaffen; das wird aber sobald zum offenbaren Fehler, als die Verbesserung und Vermehrung der Schafzucht dadurch behindert wird. Das ist genau der Fall im Halberstädtschen und Magdeburgischen, so sehr, daß im Verkauf der Wolle fast gar nicht auf den Unterschied der Feine, sondern nur auf das Gewicht und langhärige gesehen wird, der Landmann findet also seinen Vortheil bey grober Wolle, und läßt sorgfältig sogenannte hundehärige Stähre gehen. Es sind hiergegen Verordnungen ergangen, welche es aber nicht verwehren können, sondern vielmehr die Bewegungsgründe wegzuräumen bewürkt zu haben scheinen. Dazu kömmt, daß, ohnerachtet der ansehnlichen Frieß- und Flanellfabriken, kaum die heutige Quantität für den allermindesten Preis anzubringen stehet; folglich hat der Landwirth Ursachen, seinen Schafstand so geringe und schlecht zu machen, als sein landwirthschaftliches Verhältniß nur zulassen will. Dieses geschiehet, und die einzige Ursach, warum noch Schafe existiren, ist die Behütung entfernter Brachen und Anger, und der Horbenschlag. Man hebe jene Hindernisse, welch eine Wendung würde diese Sache bekommen! Die Gegend ist sehr gut fähig, eine viel bessere Wolle hervorzubringen, und auch mehr Schafe zu unterhalten, die Frieß- und Flanellfabriken würden ihren Stoff haben, und Manufacturen zu Mitteltüchern würden ihn auch bald finden. Den jetzt angefangenen bessern Gang, muß man mehr auswärtigen Begebnissen zuschreiben, und es ist sich noch nicht darauf, als auf eine dauerhafte Verbesserung, zu verlassen.

§. 7.

§. 7. Zu Seite 13. werden mehrere Patrioten mit mir ausrufen: schade, daß der Herr Graf nicht die Geschichte seiner Verbesserungen bis zum gegenwärtigen vollkommenen Punkt aufgezeichnet hat! Dergleichen Fußstapfen sind für den Nachfolger sehr lehrreich, die Fehltritte nicht ausgenommen c).

§. 8.

c) Die Geschichte ist folgende: 1763 nach der geendigten Reise mit dem Könige und Prinzen nach Colberg und Cöve, bekam ich Urlaub auf meine Güter zu gehen; ich brachte auf selbigen alles, was mit Gelde zu zwingen war, in den Stand, wie es vor dem Kriege gewesen war. 1764. im März retirirte ich mich vom Hofe, und ließ mich auf meinem Gute Stargordt ruhig nieder. Der Inspector, dessen in einer Note Erwähnung geschehen, wurde bey einer Vacanz auf die Laßsehnschen Güter gesetzt, woselbst ihn aber bald abschaffen mußte. Mein Gärtner, ein Schlesier von Geburt, wollte durchaus Inspector werden, er war der größte Gärtner, den ich jemahls gesehen habe, in Baumpflanzungen, Espaliers und Baumschulen, dabey eifrig und rechtschaffen denkend, jedoch gar zu sehr von seinen Universaltalenten eingenommen, folglich eigensinnig. Ich habe die Reflexion aus Erfahrung zum Satz annehmen müssen, die selten trügt, daß ein Inspector ein schlechter Pächter, ein Gärtner ein schlechter Inspector, und ein Hofmeister ein schlechter Bauer wird. Zweytes traf ein; einige Jahre verstrichen, daß gewaltig viel gesäet, doch wegen der großen Menge schlecht geackert und bestellet, und wenig gedünget wurde, weil kein Mist da war; im Anfang des März war Futter=Noth, und übrigens zehrte man aus dem Geldbeutel.

Ich wußte nicht viel von der Wirthschaft, und von dieser konnte ich nichts lernen; ich ging mit mir selber zu Ra-

§. 8. Auf der 13ten Seite wird ferner die Errichtung eines neuen Vorwerks, auf eine entlegene meist noch zu rodende

the, denn mein Oeconom war zu jaloux und capricieus, um mir in einer Proposition zu willigen. Ich dachte, die Wirthschaft muß doch abjolut auf Vernunft gegründet seyn, die hast du, also, da dir keiner helfen will noch kann; so wirthschafte nach deinem Kopf. Ich ging also vor 12 Jahren an das Werk, ich schritt eine Wuhrt vor dem Hofe so glücklich ab, daß das Terrain 40 Scheffel Aussaat enthielt, nahm Leute an, und ließ einen Graben herum ziehen, im folgenden Frühjahr wenden und abeggen, nachdem es schon vor Winters gestürzt war. Jedermann war begierig zu sehen, was das werden sollte, und wie ich befahl, Hafer zu säen und unterzupflügen; so wäre meine Anstalt bald zum Gelächter geworden. Mittlerweile kamen meine Säcke mit Cleversamen auf der Post an, alles gerieth schön, und wie es zur Erndte kam, sahe man den jungen Clever wie einen grünen Teppich liegen; im Herbste legte die zweyte, und fortan alle Jahre bis zur fünften Koppel an. Ich mag nicht diejenigen nahmhaft machen, welche anfangs mir hiebey Himmel und Hölle dräuten. Einige leben noch, andere sind todt, doch haben letztere noch den erstaunenden Effect davon gesehen. Unterdessen war das Vorwerk ohne wahre Absicht erbauet, und sollte daselbst eine Hammel-Schäferey kommen, welches aber nach unserer ersten Verfassung nicht statt finden konnte, in der Folge aber fand sich dieses Werk sehr nützlich. Mein Inspector sahe alles dieses sehr neidisch an, und da ich mich nun erdreistete zu befehlen, (eine Sache, die sie schwerlich verdauen können), so nahm er seinen Abschied, welchen ich ihm auch auf eine sehr befriedigende Art gab. sehr tüchtiger und treflicher Acker-Wirth trat in seinen Platz, und kann ich rühmen, daß er nicht allein meiner Idee folget, sondern noch öfters mich anspornet, weiter zu gehen. Ein unstrei-

robende Feldmark erzählt; es wird dabey mit Grunde gewarnet, nicht auf jedem Vorwerke eine selbstständige Wirthschaft zu etabliren. Aus diesem Nichts ist geschaffen, daß heute 50 Kühe darauf gehalten, zu 5 Rthlr. das Stück in dieser entlegenen Gegend — man schließe auf ihre Güte — genutzet, 100 Scheffel Rocken ausgesäet, und die erste Tracht Rocken, also 50 Scheffel, alle 4 Jahr durchgedünget werden können.

Die Rohdestreifen sind mit Birken und Eichen, meist aber mit Ginster und Heydekraut, bewachsen gewesen. Diese Holzgewächse weisen auf einen mit Lehm gemischten, nicht brennenden Sand, eher auf das, was man hier kaltgründig nennt; ein Boden, der, nach der Behauptung des Herrn von Benkendorf, allerdings eines mittlern Grades der Tragbarkeit fähig ist, wenn er erst den Einflüssen der Luft aufgeschlossen, recht durchgearbeitet, und endlich durch Dünger wärmer gemacht wird. Der gewöhnliche lauliche Umtrieb der Wirthschaft läßt

das

tiger Beweis, daß er die Mühe nicht scheuet. Ich hatte mir indessen ein Stück zu 4 Scheffel Aussaat reserviret, ich nenne es meinen Exercierplatz, wenn eine Sache auf denselben gut gehet, so wird sie im Großen fortgesetzt, jetzt stehet Lucerne darauf, zum Behuf einer angehenden Stallfutterung meiner Hofkühe.

Nun wieder auf das vorige zu kommen, so wurden alle Jahre Kühe und Ochsen gekauft, meinen sogenannten Vorwerks-Hammel-Schäfer wurde die Zeit lang, ich nahm also die Hammel wieder in die hiesige Schäferey, und gab ihm 10 Kühe in Natural-Pacht, à 1 Achtel Butter, 90

aber in solchem Boden sehr wenig erwarten, sondern man muß es angreifen, wie es der Herr Graf gemacht hat. Man vergleiche hiermit, was ich im 3ten Abschnitt von der Beschaffenheit des Bodens schon gedacht habe.

Der Stand der Holzgewächse oder anderer lange dauernder Pflanzen, ist ein sehr sicheres Merkzeichen auf die Eigenschaft des Bodens zu schliessen. Ich halte die Jahrespflanzen darum nicht so sicher, weil sich diese eher wohin verirren können, und nicht durch Anhalten uns so merklich dasjenige bewähren, was wir suchen. Bey dem seit 6 Jahren hier, meistens in den oberschlesischen Wäldern, stark betriebenen Coloniebau, habe ich Gelegenheit gehabt, manche Erfahrungen darüber zu machen. Ich will einiger, andern zur gelegentlichen Benutzung, hier erwähnen: auf einer flachen Kieferheyde, weisen Striche mit wohlgewachsenen gelben kernichten Kiefern, auf einen anbaufähigen Boden; das heißt, der zu Rocken allenfalls gut tragbar gemacht werden kann, dessen Grundtheil zwar Sand ist, aber ohne brennende

---

Käse, und das Kalb, wenn es 14 Tage gesogen hat. Wie er sich dabey gut befand; so meldete sich mein Schäfer, und wollte auch 10 Stück nehmen, ich gab aber jedem 30, das zweyte Jahr 40, und das dritte 50 Kühe, und da sie nicht richtig ablieferten; so habe mich mit ihnen auf 5 Rthlr. verglichen. Ich habe mich nicht kürzer fassen können, und übergehe die Ackererweiterung, welche ein guter Wirth aus meiner vor Augen gelegten Beschreibung selbst wird suppliren können. A. d. G. v. B.

nende Eisentheile, und der etwas Beymischung von Lehm hat. Finden sich daselbst wohlgewachsene Birken, und zwar mehrere bey einander, darunter; so ist fast sicher in einer mäßigen Tiefe auf eine ganze Lage von Lehm zu schließen. Ein Merkmahl, welches uns oft zum Führer zu den Bauplätzen werden mußte! Finden sich in einer Heyde nichts als unkernichte, kurze und einzeln stehende Kiefern; so ist entweder auf sonst ganz unfruchtbaren, oder durch Eisenminen verschlimmerten Sand zu schließen. Finden sich krüppelichte, nie von der Erde wachsende Aspen und langes Heydekraut darunter; so ist es eben ohne Hoffnung zum Ackerbau, und ich habe immer da eine Salzvermischung vermuthet, aber nicht Gelegenheit gehabt, sie zu untersuchen.

Finden sich Fichten zwischen den Kiefern; so weiset es auf etwas Feuchtigkeit, zuweilen nur auf Torf, und meistentheils nur auf solche, die man saure Feuchtigkeit nennet. Gesellen sich wohlgewachsene Eichen und Tannen dazu; so ist auf sehr guten Getreide-Boden zu schliessen. Dahin weisen auch Weißbuchen, wo die gut gewachsen, da kann Weizen gezeugt werden. Rothbuchen weisen zwar auch auf guten lehmichten, aber trockenen Boden. Eschen und Ahorn auf den besten Wiesen-Grund, nicht auf Moor-Erde, woraus die meisten Erlenbrücher bestehen, sondern auf milde feuchte Schwarz-Erde, zwar zuweilen mit Eisen-Erz vermengt, aber nicht von jener brennenden Eigenschaft. — Die Ursach dieser verschiedenen Würkungen kenne ich noch nicht — sondern so, daß es, wenn der Uiberfluß der Nässe weggeschaft wird, den besten

besten Weizen- und Gersten-Acker abgeben kann. Noch mehrere und kleinere Merkzeichen übergehe ich, um nicht von meinem eigentlicherm Zweck abzukommen, und gedenke nur noch, daß sich dieses eigentlich vom platten Lande verstehet, im Gebürge ist es nicht ganz dasselbige.

§. 9. Hiernächst ist die Feldordnung des Hauptguths und des Vorwerks angemerkt, sie ist folgende:

Erste Tracht, Rocken in frischem Dünger.
2te — — Sommerkorn.
3te — — Rocken, einfährig, ist wohl so viel, als die Sommerstoppel gleich zur Saat geackert.
4te — — Brache; ob ganz ruhige, oder wie bearbeitete, wird hier nicht gedacht, es wird sich aber aus der Folge noch etwas schliessen lassen d).

Diese Feldordnung ist sehr gut für solche Gegenden, wo überdem die Schafweide keine Hauptsache ist, oder auf Heyden-Aenger ꝛc. gegeben werden kann; der Getreidebau gewinnt dabey ein merkliches gegen die Wirthschaft mit drey Feldern. Diese Feldordnung ist von der freyen Feldmark zu verstehen, denn dasjenige, was zur Kleekoppel abgenommen ist, hat sein eigenes System, wovon hiernächst vorkommen wird. Auf diese Art werden in Stargordt, im freyen Felde, an das 5te Korn
vom

---

d) Die Brache wird niemahlen besäet, sondern bleibet für die Schafe. A. d. G. v B.

vom Rocken, und Hafer das 6te bereits gewonnen, und die Hoffnung von steter Verbesserung liegt in dieser Cultur. In dem Boden ist dies vor der Hand schon reichlich und belohnend! Der Hafer scheint im Ganzen noch nicht ergiebig genug zu seyn, das scheint auch die Anmerkung 10. zu bestätigen, wo der Herr Graf versichert, in dem dürren 1770sten Jahre in einer Koppel in der 2ten Tracht das 14te Korn gewonnen zu haben. Es ist zwar eine Kleekoppel ganz etwas anders, als das ordinaire Feld, aber dennoch eröfnet es Aussicht auf mehrere Tragbarkeit von diesem, und öffnet zugleich die Augen über die Vortheile einer ganz vollkommenen, das heißt, sich über die ganze Feldmark erstreckenden Kleewirthschaft.

§. 10. Auf der 14ten Seite wird von der angelegten Kleekoppel gehandelt, sie wird 40 Scheffel Einfall groß angegeben. Dieses ist von der jährlichen Bestellung zu verstehen, diese wird 5mahl wiederhohlt, folglich sind in allem 200 Scheffel Aussaat, oder pp. magdeburgische Morgen¹), dazu gewidmet, womit auch die Proportion der Mergeldüngung übereinstimmet. Die ganze Feldmark ist nach Seite 24. mit Einschluß der Brache 1400 ᵉ) Morgen groß zu beurtheilen, folglich beträgt das zur Kleekoppel gewidmete Terrain ohngefähr das 7tel des Ganzen.

Ein

1) Man säet in Pommern merklich dünner, als in Schlesien.
e) Höchstens 1500. A. d. G. v. B.

Ein Verhältniß, welches man genau zu wissen wünschen muß!

Der Herr Graf hat dazu meistens Gerstland, auch anderes gute Land, bestimmet, und alles mit Graben, lebendigen Hecken und Zäunen eingefriediget. Unter Gerstland muß man nach dasiger Art solches verstehen, welches milder, und stark mit Lehm melirt ist; anderes gutes Land, ist für guten Rockenboden, trockner, mehr mit Sand gemischet, oder kälterer Natur durch das Frühjahr, zu nehmen. Das erste ist allerdings das vorzüglichste, das letztere aber beweiset, daß dergleichen Boden nicht just erforderlich ist, sondern daß es in den geringsten Ackerbau würdigen Gegenden auszuüben stehet.

§. 11. Die Folge der Bestellung der Koppel ist durch eine Tabelle deutlich vorgestellet. Sie zweckt dahin ab, daß das erste Jahr der 5te Theil des Ganzen gedünget, und daselbst, wo die Natur dem würdigen Besitzer zur Aufschließung einen rechten Schatz verwahrt hat, auch gemergelt, und denn mit Klee unter Gerste besäet wird f). Alsdann folgen 2 Jahr Klee-Erndten, das

---

f) Des Herrn Grafen von Ohren Erfahrung, daß der Clever zuweilen ein ganzes Jahr zurück bleibe, ohne sich zu setzen, und dennoch gut werde, wie solches pag. 24 im 5ten Theil der Breslauischen öconomischen Nachrichten zu ersehen, würde ein Beweis seyn, daß, denselben unter Sommergetreide zu säen, die beste Methode sey; es würde derselbe nicht allein genugsame Zeit haben zu wachsen, sondern auch für Erstickung des Unkrautes gesichert seyn. Anmerk. d. H. v. B.

das 4te Jahr trägt reine Gerste, und das 5te Rocken oder Hafer. Alsdenn fängt die Bestellung wieder von vorne an; so, daß die ganze Koppel in 25 Theile getheilet ist, davon 5 mit jungem Klee unter Gerste, 10 mit Klee in voller Tracht, 5 mit reiner Gerste, und 5 mit Rocken oder Hafer bestellet sind. Eine vortrefliche Folge!

Ich will dazu anmerken, daß mir in Schlesien der Klee auf gleichem Boden, und unter gleichen Umständen mit Hafer gesaet, allemahl viel besser, als mit Gersten gerathen ist g). Es ist mehrmahlige Erfahrung, ob ich gleich die Ursach nur vermuthbar angeben könnte. Mit Sommerweizen und Hirse geräth er noch weniger gut, als mit Gerste; es geht aber doch an, und er kann genüglich gut werden. Das letztere kann bey neuem Boden, oder bey verspäteter Zubereitung zuweilen nützlich seyn. Alle diese Abänderungen, dafern sie vorgenommen werden sollten, brauchen indessen jenes Bestellungs-System im Wesentlichen nicht zu stören, dem, der sonst im Stande wäre, es gerade nachzumachen.

Viele könnten denken, daß eine solche Wirthschaft, so vortheilhaft und wünschenswürdig sie auch sey, da nicht zu Stande gebracht werden könnte, wo es an fremden

---

g) Ganz richtig, aber sowohl Gerste als Stroh ist besser wie Hafer, und läßt sich hier, wo eine schöne Darre angelegt ist, als Malz, länger und in einem weit kleinern Raum aufbehalten, folglich handle localement gut. A. d. S. v. B.

den Düngungsmitteln, Mergel, Kalk und dergleichen mangelt h). Dies ist aber ein Irthum. Freylich gehört einige Standhaftigkeit dazu, vor der Hand unsere ganze Aufmerksamkeit und Verbesserungsmittel darauf zu wenden; aber wie bald und wie sicher wird die belohnt! Der vermehrte und verbesserte Viehstand wird außer den eignen Vortheilen, bald Dünger, nicht bloß für die Koppel, sondern auch für das übrige Feld, gewähren. Es ist aber so viel gewiß, daß, um eben den Vortheil über das Ganze zu verbreiten, eine Vergrößerung der Klee-koppel nach Verhältniß erforderlich sey.

§. 12. Auf der 5ten Seite wird die Art und Weise mit Mergel zu düngen, und das Verhältniß angegeben i). Ich gedenke dabey, daß sehr wahrscheinlich in
allen

---

h) In meiner 20sten Anmerkung wird man finden, daß nicht aus Mangel der Düngung zum Mergel gegriffen, sondern nur solcher aus Begierde gebraucht worden, und würde die Sache auch gut ohne denselben betrieben worden seyn; jedoch kann nicht verhelen, daß auf eine vorgeschriebene Mergelungsart, schöne Gerste zu erwarten sey, wo man sie nicht vermuthet hätte. A. d. G v. B.

i) Ich habe bey einer vierjährigen Mergelung wahrgenommen, daß der Mergel dem Hederig sehr zuwider sey; ich kann aber noch nicht sagen, ob er denselben tilge, oder ob der gute Aufwuchs des Sommergetreides in einem gemergelten Boden solches wirke. Ich muthmaße, daß es das erste sey, denn sonsten müßte man gleich anfänglich beym Aufflaufen den Hederig häufiger finden, welches doch nicht geschiehet. Ich fürchte zwar den Hederig nicht, weil ich überzeuget bin, daß

allen unsern Provinzen, und auch noch in Schlesien, mancher Vorrath von Mergel unentdeckt und unbenutzt liegen mag. Besonders ist der Berg- und Kalkmergel, der kräftigste zum Dünger, sehr wenig bekannt, ohnerachtet dessen Existenz sehr wahrscheinlich ist. Die Art ihn zu suchen, ist indessen mühsam; große Eigenthümer, und selbst die Landes-Polizey, sollten sich aber dadurch nicht abschrecken lassen, denn ein Schurf, der einen guten Mergelgang entdeckte, ist uns viel nutzbarer, als der uns zu kaum bauwürdigen Silber-Erzen führte. Mit dem Wiesen- und Teich-Mergel, ist man hier schon seit einiger Zeit mehr und mehr bekannt geworden.

In der 11ten Anmerkung wird gesagt, daß auch denen Unterthanen das Mergelgraben gestattet würde, jedoch unter genauer Aufsicht, damit diese Verrichtung nach Ordnung, und nicht zum Verderben, wozu der unordentliche Haufen allerdings nur zu geneigt ist, geschiehet. Es giebt dieses Veranlassung, an den Nutzen, und die Nothwendigkeit einer thätigen und wohleingerichteten Polizeyaufsicht auf den Haufen des Landmannes, zu denken k). Dies ist das rühmlichste Geschäfte des angesessenen

das Getreide, welches sich von ihm unterkriegen läßt, doch nicht gerathen wäre, wenn gleich keiner vorhanden gewesen; allein, besser ist besser. A. d. S. v. B.

k) Wir leben in einem militairischen Staate, und wird es meine Schuldigkeit erfodern, daß ich behaupte: daß zu wünschen wäre, daß die meisten Landwirthe in diesem Stande erzogen würden. Die brillantesten Wirthschaften hat man Wirthen

sessenen Adels über seine Unterthanen. Hat diese die rechte Richtung, daß sie nur gutes und nicht böses würken, noch weniger in Druck ausarten kann; so ist es eine wahre Wohlthat für den Landmann und für das Ganze. In Ländern, wo die Cultur noch zurück ist, muß sie freylich strenger seyn; in denen, wo sie vorgerückt ist, zwar gelinder, aber auf keine Weise verabsäumet werden. Dieses geschieht zum Beyspiel im Magdeburgischen und Halberstädtischen, wo es zum größten Nachtheile, in der

zu danken, die Officiers gewesen sind. Ich wollte ihrer eine große Anzahl nennen, den unsterblichen Feldmarschall Grafen von Schwerin, a la tête. Ich habe eine Zeit gekannt, wo der höchstselige König die Cammerpräsidenten und Directores hätte aus der Cavallerie nehmen können, und wie viele Finanzminister haben wir in dieser glorreichen Regierung nicht gehabt, und auch noch, die dem Soldatenstande einen großen Theil ihrer Einsichten zu danken haben? Die Sache ist auch ganz natürlich, ein Officier bekommt viele Länder und Provinzen zu sehen, übrigens ist er von Jugend auf an Stunden und Ordnung gebunden, folglich muß er auch seine Untergesetzten dazu anhalten. Wir haben ein besonderes Beyspiel an den Herren von der Goltze zu Heinrichsdorf gehabt; sie waren in Königl. Preußischen Diensten gewesen, und ob zwar dazumahl Pohlen; so führten sie eine so schöne Ordnung ein, daß, von Stunde zu Stunde, alles nach dem Trommelschlag verrichtet wurde, und ein jeder hat es admiriren müssen. Mancher wird sagen: schon wieder Nahmen? Ja, freylich Nahmen, denn wenn ich lese: ein gewisser N. N. zu N. N.; so glaube ich schon, daß es eine Lüge ist. Nun aber kann ein jeder nachfragen. Anmerk. d. G. v. B.

der Einbildung, darinnen bestehe Freyheit, gänzlich aus den Augen gelassen wird. Es sollten daselbst, wie in der Mark, Schulzengerichte eingeführt, Dorfpolizeygesetze gemacht, und jenen Autorität gegeben werden, diese in Ausübung zu setzen. Der Justiz- oder Gerichtspfleger Sache ist dies nicht, je größer die Gerichte sind, oder je mehr Umständlichkeit ihre Pflege wegen der begüterterten Einwohner erfordert, jemehr wird jenes verabsäumet, und ein solches Polizey-Regiment einer jeden Gemeinde, würde jenen Mängeln abhelfen, ja manche Unvollkommenheiten, die daher ihren Ursprung nehmen, verwehren, und im Ganzen einen bewunderungswürdigen Nutzen stiften können. Ich halte es aber nicht für etwas leichtes, anpassende und weiterführende Polizeyverordnungen der Art zu machen.

§. 13. In der 12ten Anmerkung wird dem Hausvater entgegen behauptet, daß der Mergel ein würklicher Dünger sey, und nicht bloß eine Vorbereitung zur Empfänglichkeit der fruchtbarmachenden Theile. Es wird durch die Geilhaufen bewiesen; dennoch aber wird nachgegeben, daß im freyen Felde alle drey, und in der Koppel alle fünf Jahr, eine Nachhülfe von etwas Viehdünger sehr vorträglich sey.

§. 14. Seite 12. wird das Säen des Klees, und das Heumachen daraus so beschrieben, als ich es selbst schon geübt, und wie ich es eigentlich von denen in der Mark beschriebenen englischen Oeconomen gelernet habe. Ich habe dasselbe bey dem Herrn Landrath von Korkwitz

zu Johnsdorf, im Briegschen, auch gefunden, und
werde deſſen näher zu gedenken noch Gelegenheit haben,
es muß alſo wohl die rechte natürliche Methode ſeyn.
Ja es iſt mir vollkommen gut gelungen, es bloß auf dem
Schwad, welches nur einmahl umgewandt worden,
trocknen zu laſſen.

Auf der 15ten Seite wird die Scheune zum getrockneten Klee mit dem angebrachten Luftzuge beſchrieben, und
der daneben gelegten Hexelmühle gedacht. Dies iſt eine
vortrefliche Anſtalt, ohne welche die ganze Nutzbarkeit
der Kleewirthſchaft nicht zu erreichen ſtehet. Ich
wünſchte, daß es dem Herrn Grafen gefallen haben
möchte, das Verhältniß des Gebäudes gegen die Erndte
anzugeben, damit es jedem deſto leichter werde, einen
Plan dazu zu machen [1]. Der Hexelmühle, oder Maschine

---

[1] In meiner 17ten Anmerkung habe für jedes Hauptvieh ein
ſtarkes zweyſpänniges Fuder angegeben, und damit wird
man, wenn nur genug Sommerſtroh vorhanden, vollkommen auskommen. Zu meinem Einſchnitt von Clever iſt die
Scheune zu klein gerathen, und wenn ich die Communication
über die Durchfahrt, nach dem Boden wo die Hexelade ſtehet, und einen Theil deſſelben ſelbſt mit vollbaue; ſo kann
doch nicht an 250 Fuder laſſen, welches mir in dieſem 1778
Jahre wiederfährt, da ich 308 Fuder gewonnen habe, wodurch bey Mangel des Raums in eine Verlegenheit geſetzt
werde; eine angenehme Sorge! Da nun aber bey der beſtändigen Veredlung meiner Koppeln, ſich ſolches von Jahr
zu Jahr häufen muß; ſo wird mir eine complete Stallfütte-
rung mit meinen Hofkühen, durch grüne Futterkräuter hinführo Luft machen. Durch dieſe Notiz wird ein jeder in

schine zum Siebeschneiden, werde ich hiernächst zu gedenken, noch Gelegenheit haben.

Zur 13ten Seite, wo von den verschiedenen Schnitten des Klees die Rede ist, bringe ich noch bey: daß man in unserer hiesigen milderen Gegend, noch auf eine 3te Abernote des Klees rechnen kann, welche, ob sie gleich nur geringe und zum Heumachen zu spät ist, dennoch bey der Viehfütterung in der knapsten Zeit ungemein zu statten kömmt.

§. 15. In der 13ten Anmerkung zuvor erwähnter Stelle, wird der Fehler der ökonomischen Schriftsteller, die die Sachen zu precieux behandeln, und darüber in Subtilitäten verfallen, mit Recht gerügt. Derjenige, welcher deutliche Begriffe hat, wird auch die Gabe bekommen, sie andern deutlich mitzutheilen, und sie ihnen gerade nicht schwerer zu machen, als es nöthig ist. Popularität ist die Eigenschaft großer Geister; so wie Dunkelheit und gesuchte Künstlichkeit ein Kennzeichen der Unwissenheit eines Schriftstellers, und ihrer Folgen, des Stolzes und der falschen Einbildung bleiben. Das sind allerdings alle die, welche uns den Klee in gegrabene Beete bauen, und ihn zu jäten oder verpflanzen lehren wollen. Es kann in England, aber bey gar andern Umständen, sehr wohl Anwendung finden; bey uns kann es

gar

den Stand gesetzet seyn, eine Cleverheuscheune proportionirlich anzulegen, denn meine hält, mit der Communication über der Durchfahrt, 200 zweyspdäulge gute Fuder. Anmerk. d. G. v. B.

gar nicht, oder nur mit sichtbarem Nachtheil zur Ausübung kommen.

§. 16. Auf der 16ten Seite werden die drey Hauptvortheile des Kleebaues angeführt: er verbessert das Land, worauf er gebauet wird; er giebt, mit Gersten- und Haferstroh geschnitten, das beste Winterfutter, wobey sich das Rindvieh gut bey Leibe erhält, auch gute Milch giebt; und es ist ein Futter, welches ohne Nachtheil auf mehrere Jahre in Vorrath gehalten werden kann ᵐ).

Alle diese Vortheile sind nicht nur durch das vielgültige Zeugniß des Herrn Grafen ausser Zweifel, sondern sie

---

m) Ich suche ein wahres Vergnügen darin, daß ich diese noch bis dato meist verkannte Wahrheit mit Exempeln bestätigen kann. Eines der merkwürdigsten wird wohl mit die Wirthschaft des Herrn Rittmeister von Zittwitz, in der Gegend von Stolpe seyn. Ihm fiel in der Erbtheilung ein Gütchen für 7000 Rthlr zu, und mochte es, wie man sagt, nicht einmahl werth seyn. Er nahm es in Administration, und da er im Halberstädtischen in Quartier gestanden, viele deutsche Provinzen gesehen, auch sogar in den Feldzügen alles im wahren öconomischen Gesichtspuncte betrachtet hatte; so fand er bald den philosophischen Stein der Weisen in der Wirthschaft, das ist, den Cleebau im Großen. Man versichert, daß er dieses ehemahlige Gütchen, jetziges Gut, nicht für das Quadruplum geben würde. Da haben wir ein zweytes Beyspiel, wie auch in dem sonst verachteten Hinterpommern, ein Gut auf eine unglaubliche Art kann verbessert, und folglich erhöhet werden, wozu doch nichts in der Welt, als nur der Clever, behülflich seyn kann.

sie liegen auch für jedem würklichen Kenner der Oeconomie ganz klar in der Natur der Sache. Welch eine Aussicht! Der erstere Vortheil wird den Getreidebau an und für sich höher treiben und veredeln, ohne was der dadurch vermehrte Dünger auf die übrigen Aecker würken wird. Der zweyte kann nicht nur den Nutzen von der Milch, sondern hauptsächlich die Veredelung und Vermehrung der Rindviehzucht, um des Fleisches willen, ausrichten. Die oben angestrichene Stelle beweißt, daß das Rindvieh gut bey Leibe, das heißt, fleischig und fett bey uns dabey seyn kann. Von unsern Nachbarn, den Engländern, kann es uns nicht unbekannt seyn, daß sie mit dem Klee nicht bloß eine trefliche Viehzucht, sondern auch Viehmast zuwege bringen. Das wird für uns ein sehr interessanter Artikel werden, worunter allerdings Accise und Taxgesetze zu Hülfe kommen sollten, — und der dritte Vortheil kann ein Mittel werden, nicht nur den Landmann für Futtermangel, sondern auch wohl die Reuterey dafür zu sichern. Daß sich der Klee, solcherstalt getrocknet, auf mehrere Jahre gleich kräftig erhalten läßt, ist mir neu, und eine Entdeckung vom höchsten Werthe n). So kann auch auf den Kleebau die

E 5 Ver-

n) Ich leiste die Gewähr dafür. Der Clever, wenn er in Quantität, wie hier, hoch über einander liegt, setzt sich so fest in einander, wie gepreßter Hopfen. Er muß mit eisernen Forchen auseinander gerissen werden, wenn er auf die Hexellade gebracht werden soll. Was wäre denn für ein Grund vorhanden, daß er verderben könnte? Es sey denn, daß er dumpfig würde, und das kann in meiner Scheune niemahlen geschehen. A. d. S. v. B.

Vermehrung und Verbesserung der Pferdezucht, und vermittelst des vermehrten Molkens, auch die der Schweinezucht, gebauet werden. Kurz, es ist ein sicheres thunliches Mittel, unsern ganzen öconomischen Zustand in Leben und Blüthe zu verwandeln. Kein Futterkraut °) paßt in unser Wirthschaftssystem so ein. Lucerne und Esparcette ist nur für beständige Futterplätze, nicht, wenn es mit Getreide abwechseln soll, und von den andern können wir vor der Hand noch weniger Gebrauch machen. Welchen Einfluß kann das Allgemeine von einer solchen radicalen Verbesserung der ganzen Landwirthschaft erwarten! Es setzt dies freylich mehr Consumtion und mehr Ausfuhre zum Voraus; die erstere wird sich aber nach und nach, durch die mitführende Bevölkerung, von selbst, und damit mehr innere Circulation erzeugen, und kann eine so würksame Regierung nicht den natürlichen Gang der Sache, durch besondere Unterstützungen beschleunigen? Kann sie nicht auch den auswärtigen Absatz der entbehrlichen landwirthschaftlichen Producte, ich meyne

---

°) Ich habe noch einen großen Vortheil vom Cleyer zu rühmen; das ist, daß, wo er auf meine Art gebauet, und zwey Jahre genutzet wird, er die Disteln gänzlich vertilget. Ich hatte derselben so viel, daß die Mägde beym Aufbinden der Garben, welches hier gleich nach der Sense geschiehet, und beym Tassen, für Wehtage schryen; nun aber sind sogar die Bindelhandschuh abgeschafft, welche ohnedem in der Arbeit sehr geniren. Die Sache ist auch ganz natürlich, das öftere Abhauen des Clevers stöhret die Disteln, daß sie weder zum wachsen, noch vielweniger zur Blüthe kommen können, und folglich ausgehen müssen. A. d. G. v. B.

meyne, des Getreides, des Viehes, oder gar des Fleisches, durch das große Mittel der Prämien, womit England wundernswürdige Effecte gemacht hat — geschwind und leicht zuwege bringen? Ich halte dafür, daß die Beförderung der Ausfuhre des Getreides, bey uns noch zu sehr ausser Acht gelassen, oder wohl gar aus einem falschen Gesichtspunkte betrachtet worden ist. Unser Landmann ist nur beschäftigt, das Getreide zu vermehren, ohnerachtet derselbe nur bey Mitteljahren, wenn der eigene Bedarf des Landes durch die Erndten überstiegen worden, nicht weiß, was er machen soll; mithin aus National-Vorurtheil etwas nicht nützliches unternimmt, welches von der Polizey theils auf einen andern Gegenstand, die Viehzucht, geleitet, anderntheils auch durch Ausfuhre seewärts, nützlich gemacht werden könnte.

§. 17. Die 17te Anmerkung zu Seite 17. sagt sehr richtig, daß eigentlich kein Landwirth, auch der die meisten natürlichen Wiesen hat, sagen könne: er habe zu viel Heu. Die Viehzucht kann immer vermehrt, und endlich gar das übrige, zur Versorgung der Städte und Reuterey, angewandt werden.

§. 18. Die 19te Anmerkung sagt: daß der Herr Graf sein natürliches Heu mit dem Rockenstroh, meist der Schäferey gewidmet habe. Die Schafzucht gewinnet also durch den Kleebau schon mittelbarer Weise sehr ansehnlich. Die Kühe erhalten noch etwas vom ordinairen Heu, welches doch nicht besserer Art ist, und zeigen

durch

durch den Vorzug, den sie den Kleemengsel geben, wie sehr ihnen dieses zuträglicher ist. Wie wenig Wirthschaften, die die Koppelwirthschaft einführen könnten, sind wohl im Stande, ihrem Rindvieh nur ein mäßiges an mittelmäßigem Heu zu geben?

Die wenigen Zugpferde werden zu Stargordt auch noch mit ordinairem Heu versehen. Der Herr Graf scheint indessen den gedörrten Klee als Pferdefutter nicht zu verwerfen, sondern ihn vor der Hand nur noch zu nöthigern Zwecken aufzubewahren. Ich bin durch Erfahrung überzeugt, daß er frisch, und als Heu das beste Pferdefutter ist; daß er ordentlich gefuttert werden muß, verstehet sich — denn was kann der unordentliche Gebrauch nicht schädlich machen? Auch der Schafstand kann unmittelbar Vortheil davon erhalten, welches Englands Beyspiel ausser Zweifel stellt. Vor der Hand werden wir genug zu thun finden, nur unsern Rindviehstand zu vermehren und zu verbessern, und es ist uns genug, wenn wir versichert sind, der übrige Vieh-, und besonders Schafstand leide nicht darunter.

§. 19. Zur 17ten Seite, wo vom Effect dieser verbesserten Wirthschaft in Stargordt und dem darauf angelegten Vorwerk die Rede ist, darf ich setzen: ob es nicht erstaunend ist, in so wenigen Jahren, den Viehstand von 36 elenden Stücken, auf 200 wohl ernährte, worunter 170 Nutzkühe sind, gebracht zu haben? dem Kenner dieser Art von Wirthschaftsverbesserung ist es ganz erreichlich und begreiflich; dem Nichtkenner muß es aber

Erstau-

Erstaunen machen, und unglaublich vorkommen. Ueberdem sind jetzt 800 Stück besser unterhaltene Schafe, wo vormahlen nur 700 waren.

Der Herr Graf gedenkt, daß er kein Jungvieh, noch weniger Schlachtvieh zieht, sondern, daß er erstere vortheilhafter einkauft, und nur auf milchend Vieh sieht. Ich merke darüber an, daß dieses zwar local gut gethan und einseitig vortheilhaft seyn kann, aber das Ganze wird durch jenes erst den vollständigen Vortheil erhalten, wovon ich schon erwähnt habe p).

Von jenen Würkungen der Kleewirthschaft auf den Viehstand, schließe man nun auf den Feldbau! Wenigstens muß der Ertrag des Getreides, gegen die alte Leyer, mit wenig größerem Aufwande auf das doppelte steigen. Schade, daß es dem Herrn Grafen nicht gefallen, auch hierüber genaue Berechnung vorzulegen q).

§. 20.

p) Hierauf muß ich die Antwort geben, welche ich allen, so mir eingewandt haben, daß, wenn ein jeder so handelte, der Viehstand aussterben würde, erwiedert habe. Erstlich werden die Pächter, bey welchen meistens der Reichthum, wie bey den alten Patriarchen, in Vieh bestehet, dafür sorgen. Zweytens giebt es Gegenden, z. B. der Boljiensche Busch, wo wenig Butter gemacht werden kann, aber der große Vortheil in Aufziehung des Viehes bestehet, und sollten alle Stricke reißen; so ziehe ich jung Vieh auf, denn alsdenn muß ein Kalb 20 Rthlr. gelten. A. d. G. v. B.

q) Ich habe so viel, wie thunlich war, in der 26sten Anmerkung und an andern Orten davon gesagt. Es wird auch ein

§. 20. Die Hexelmühle, welche hiernächst etwas näher beschrieben wird, ist eine trefliche Maschine. Ich habe deren zwey gesehen, die vom Wasser getrieben wurden, jedoch nur zur Pferdefutterung auf sehr großen Vorwerken nicht ohne Vortheil bestimmet waren, zu diesem Behuf habe ichs noch nicht gesehen; ich vermuthe auch, daß eine etwas abgehende Vorrichtung dazu erforderlich seyn

jeder selbst einsehen, daß diese gänzliche Umschaffung nicht ohne Kosten geschehen könne. Bauen, und so tüchtig bauen, wie ich gethan habe, ist kostbar. Bauholz, weil ich meine Eichwälder nicht angreifen wollte, hat gekauft werden müssen; 23 Familien, die sehr nöthig waren, und für deren Nahrung gesorget ist, sind angebauet, und ich kann mir nicht eines Pfennigs Zuschub rühmen. A. d. G. v. B.

Dieses gilt nun nicht mehr, da Se. Königl. Majestät mir voriges 1782ste Jahr 6000 Rthlr. zur Melioration angewiesen haben, 1783 noch 6000 zu geben versprochen, wie auch 12 Einwohner-Wohnungen mit 1800 Rthlr. vergüten werden, welches mit dem Allerunterthänigsten Dank hier anzeigen muß. Welche Geschichte, welches Land kann einen Landesherrn aufzeigen, welcher einen Theil der Schulden seines Adels bezahlt, mit großen Summen ihre Güter verbessert, zu hunderten adeliche Wittwen und Töchter Zeitlebens pensioniret, die Söhne schon im 6ten Jahr übernimmt, und gut erziehen läßt, und welcher ein Credit-System errichtet hat, wodurch die Capitalia auf 4¼ Procent gefallen, und zu dieser Anstalt gleichfalls zwey Tonnen Goldes geschenkt hat, und noch nicht aufhören wird ferner Gutes zu thun, und Millionen an sein Land zu verwenden!

seyn möchte. In Schlesien ist diese Maschine, so viel mir bekannt, überhaupt noch nicht im Gebrauch. Ihr Gebrauch zu Stargordt ist folgender: es wird damit das Kleeheu, mit seiner Beymischung an Stroh, geschnitten, und damit nicht nur gleiche Vertheilung, sondern auch rechte Eintheilung bewirkt. Das Treiben der Maschine verrichten 8 Ochsen, welche in einer Stunde 100 Scheffel, Berliner, Hexel oder Siede liefern. Die Zugochsen aus der Wirthschaft, werden zu ihrem Vortheile dazu umwechselnd durch die Monathe angewandt, wenn nichts anders mit ihnen zu schaffen ist; überdem arbeiten 3 Leute dabey, die aber dennoch durch den Winter unterhalten werden müßten r). Diese prästiren denn mehr, als 20 starke Arbeiter nicht vermöchten, und was im Grunde, ohne die Maschine, bey einem solchen Viehstande gar nicht möglich zu machen stünde.

Der Herr Graf giebt die Kosten einer solchen Hexel-Mühle mit der anhängenden Kleescheune 300 Rthlr. an. Gesetzt, sie käme auch in theurern Gegenden doppelt so hoch; so wäre das Mittel gegen die Endzwecke immer noch klein. Die patriotische Gesellschaft wird mit mir wünschen, daß es dem Herrn Grafen gefällig seyn möchte, von der Stargordtschen einen Riß und nähere Beschreibung mitzutheilen; besonders würde es darauf ankommen, ob sie zu verkleinern und für Mittelwirthschaften

---

r) Das Mädchen und der Junge sind Frohndienste, und bekommen nichts. A. d. G. v. B.

ten brauchbar zu machen seyn möchte? So würde ihr Nutzen vollkommen seyn ˢ).

§. 21.

ˢ) Die Riſſe und Beſchreibungen ſind zu Ende dieſer zweyten Ausgabe mit angehängt. Eine ſolche Maſchine zu verkleinern, würde, im Fall, daß man Platz zum Gebäude hätte, nicht zu rathen ſeyn, weil ſolches allemahl ein verſtümmeltes Werk bliebe. Es in einem Scheuntaß anzubringen, möchte viele Unbequemlichkeiten mit ſich führen. Mir ſind dergleichen bekannt, und gehöret ſchon ein Menſch mehr dazu, den Hexel wegzukehren, und wo will man damit hin, daß es unterm Schloſſe komme. Sollte jemand neu bauen, ſo kann er nicht 50 Rthlr. erſparen, und je größer das Werk iſt, in deſto kürzerer Zeit kömmt man zu ſeinem Bedarf, und die Maſchine wird weniger abgenutzt. Auch könnte, nach Lage des Orts, eine Speculation ſtatt finden. Ich erinnere mich, geleſen zu haben, daß es in Schweden dergleichen giebt, welche public ſind, und auf welchen für Miethe geſchnitten wird. Vor weniger Zeit habe ich, bey dem Herrn Präſident von Benckendorf, ein Modell zu einer Hexelmühle, welche durch einen Menſchen, vermöge einer Korbel, gedrehet worden, und ſtündlich 30 Schfl. Hexel liefern ſolle, geſehen. Das Ding gieng recht leicht, allein, es war weder Stroh in der Lade, noch vielweniger ein Meſſer daran. Dieſe Erfindung kam aus Helmſtädt. Es wäre zu wünſchen, vielleicht auch nicht, daß alles in der Wirthſchaft von ſelbſt und ohne Mühe gienge, aber es wird wohl bey den Worten bleiben müſſen: daß man im Schweiße ſeines Angeſichts ſein Brod eſſen ſolle. Man muß auch nicht die Sache ſo ſtricte nehmen, als wenn abſolut dazu 8 Ochſen gehörten; ich habe deren 27. kann ihnen alſo die Laſt erleichtern, aber mit 4 Pferden geht das Werk vollkommen gut. A. d. G. v. B.

§. 21. Auf der 19ten Seite wird, als der erste Effect dieser Einrichtung, die ansehnliche Vermehrung des Düngers angegeben. Nicht nur hat derselbe zur Instandsetzung der alten Feldmark hingereicht; sondern auch die entlegnen und verstrauchten Aecker haben beurbaret und tragbar gemacht werden können. Diese waren doch vorher ein Nichts, und ihr nützlich seyn ist lediglich Folge der Kleewirthschaft. Man denke hierüber nach! Wie viel wäre schon gewonnen, wenn die heutigen pflugbaren Aecker fruchtbar, und die geringern darunter nur bauwürdig gemacht werden könnten?

§. 22. Es blieb auch nicht ohne andere wirthschaftliche Verbesserungen, die meist mittelbare Folgen der Kleewirthschaft waren, wovon man hiernächst Erwähnung findet. Es wurden ordentliche Zugochsen, nachdem man jetzt Winter- und Sommerfutter für sie gehabt hat, und Wechselpflüge eingeführt; gewisse unnütze Hofedienste dazu umgeformt; — ein Beyspiel, wie nöthig die Disposition der Gutsherrn zum Bessern bleibt. Wollte man ja, um Mißbrauchs willen, es nicht ihrer Willkühr überlassen; so sollte dazu ein eignes aus den interessirenden Ständen bestehendes Schiedsrichter-Amt, ungefähr, wie die geschworne Richter in England, welches unnütz gewordene Leistungen in gleich bedeutende nützlichere verwandeln könnte, verordnet werden; — etwas sehr nöthiges bey einer wünschenswürdigen allgemeinen Verbesserung unserer Oeconomie t).

Die

---

t) In Pommern möchten wir sagen: dafür behüte uns lieber Herre Gott! Wir haben keine verordnete Creiß-Directores

Die Feldbestellung geht solchergestalt viel förderhafter, wie bey uns hier; ja auch die Bearbeitung ist fleißiger. Es wird vermuthlich früher mit Brachen angefangen, das Sommerfeld scheint ganz vor Winters gestürzt zu werden, dennoch geschieht die Gerstensaat sehr spät, wovon die kältere Seeluft allein Ursach seyn kann u).

Der und Deputirten, wie in Schlesien, auch würden solche schwer auszumitteln seyn; also müßte dieses den Collegiis aufgetragen werden, und die von der Justitz sind so unerfahren in der Wirthschaft, als die Finanziers in den Rechten. Was sollte nicht das für ein wehklagen werden, wenn die Sache durch solche Hände gienge. Wir haben nun ein vortrefliches Buch, die Oeconomia forensis, aus welchem man sich Rath hohlen könnte; allein es will keine Autorität gewinnen, ich glaube, weil es nicht gelesen wird. Der kleine Schweder hat sich bis zur Tyranney herauf geschwungen, und in diesen ist man so verliebt, daß, ungeachtet allen Unfugs, so er schon angerichtet, und bis in die späteste Nachwelt anrichten wird, er dennoch den Platz behaupten wird; ein Beweis, daß Jahrhunderte erfordert werden, ehe die Welt klug wird.

u) Das ist bey mir nicht die Ursache, alle andere säen viel zeitiger, aber alle Erndten kommen zugleich, daher die späte Saat im Winterkorn, welches hier höchst schädlich ist. Da ich nichts wie kleine Gerste säe; so finde vortheilhafter, von den Regen nach Johannis zu profitiren, und meine Sommer-Erndte läßt mir Zeit, daß zwischen beyden Erndten meinen Brach-Rocken in die Erde bringen kaan. 1777. habe den 25ſten August den Anfang, und den 11ten September den Beschluß mit meiner Saat in der Brache gemacht. Der Erfolg ist davon gewesen, daß in dieser Erndte 1778. der Ein-

Der Herr Graf findet das Stürzen vor Winters vortheilhaft, ob er sich gleich die Ursachen anzugeben nicht getrauet, die es bewirken, und über die lacht, die das ganz genau thun wollen. Vermuthen läßt es sich wohl, daß die vielen Salztheile des Schnees in einem aufgerissenen Boden tiefer eindringen, und nicht so, als von einem festen Stoppelfelde, von den zehrenden Frühjahrs-Winden wieder weggeführt werden können; zu geschweigen, was diese Feldarbeit zur Vermoderung der Stoppeln und noch vorhandener Pflanzen beytragen kann. Aber Vermuthung ist noch nicht Beweiß des Operations-Weges, und dem Landwirth genügt es, durch wiederhohlte Erfahrungen von gewissen Würkungen versichert zu seyn; das ist ihm hinlängliche Demonstration. Wenn er die hat, so ist es ihm nicht zu verüblen, über ähnliches klugthun, welches meistens nichts mehr als Charlatanerie ist, zu lachen.

§. 23. Zur Beförderung der stärkern Erndte sind vier Häusler-Stellen angesetzt. Die weitere Vermehrung der Menschen ist anderer daher geflössener Vortheile wegen geschehen. So ist die verbesserte Cultur unmittelbar die Grundlage von Vermehrung der Bevölkerung. Ich werde ausführlicher darüber zu reden, Gelegenheit haben.

schnitt 2 Schock vom Scheffel gebracht, ob zwar ein sehr abschlägiges Jahr im Winter-Korn gewesen, worüber jedermann klaget, zumahl der Mehlthau die Aehren ausgefressen, und alle schluppig waren. A. d. G. v. B.

In Schlesien hat das Verbesserungs- und Bevölkerungswesen fast eben den Gang, wie in Pommern genommen; doch hat es bereits eine Wendung bekommen, die diesen landwirthschaftlichen Verbesserungen ungemein zu statten kommen könnte. Um dieses deutlich zu machen, werde ich etwas näheres davon beybringen, und weil ein richtiger Begriff von unserm Coloniewesen den Patrioten erfreuen, und ihn mit Dank und Ehrfurcht gegen einen so weisen, thätigen Monarchen erfüllen muß, auch manchen zum rechten Gesichtspunct leiten, und in keinem Fall nachtheilig seyn kann; so werde ich einen Abriß seines gegenwärtigen Zustandes, und eine kurze historische Erläuterung hieher setzen.

Im Jahr 1771. nahm das jetzige Coloniewesen in Schlesien seinen Anfang. Es ist zwar seit Königl. Regierung überhaupt an Vermehrung der Population, besonders an der, einzelner Besitzungen, mit beträchtlichem Erfolge gearbeitet worden; ja es sind auch ganz neue Dörfer, theils auf neuem Lande theils auf getheilte*) Vorwerker

---

*) Die Colonien auf getheilten Vorwerkern sind fast alle schlecht gelungen; es ist auch in Gegenden, wo der fleißigere Anbau des kleinern Cultivateurs durch starken Absatz dahin passender Früchte nicht aufgemuntert wird, nicht anders zu erwarten. Am wenigsten ist das Bestehen solcher Anlagen möglich, wenn viele Besitzer davon leben, sich erst den Fundum instructum verbessern, und den vorigen baaren Nutzen von Anfang an gewähren sollen; es ist vielmehr billig, die mittelbaren Vortheile von ihnen, vom baaren Zins, in Abzug zu bringen; denn ist das Bestehen eher wahrscheinlich, und

werker angelegt worden, doch, gegen das jetzige Colonie-Geschäft, alles nur einzeln. Im benannten Jahre wurde also der erste Anfang mit Anlegung der hier zu gedenkenden neuen Dörfer gemacht. Es wurden zum Versuch 4 Dörfer von 78 Stellen in den Oppelschen Amts-Försten dergestalt etablirt, daß jeder 18 Morgen zu Acker, 6 Morgen zu Wiesewachs, an zu rodendem Lande die Hütung im Walde, 35 Rthlr. Bauhülfs-Gelder, 16 Rthlr. Vorschuß, und das freye Bauholz erhielt. Es wurden zu diesen vier Dörfern unangesessene Amts-Unterthanen genommen, der Bau wurde von ihnen selbst nach Vorschrift geschwind genug getrieben, und diese 4 Dörfer sind jetzt, nach Beschaffenheit ihrer Lage und der ihnen geschehenen Hülfe, in vorzüglich guten Umständen. Der allernächste Endzweck war, zu den vermehrten Hütten und Forstarbeiten Leute zu bekommen, und denen unangesessenen Unterthanen in den versäumtesten Gegenden nützliches Unterkommen zu verschaffen.

Ich muß mich hierbey ein wenig aufhalten, um zu zeigen, daß auch unsere pohlnische Oberschlesier mit geschwindem Erfolge umgewandelt werden können. Dieses Volks Character wird meistens verkannt, und für schlimmer gehalten, als er ist; welches letztere doch nur Beziehungsweise, in einigen Stücken angenomen werden kann. Wer mit diesen Leuten — ich meyne den noch unvermischten Landmann — näher bekannt wird,

der

es bliebe immer Vortheil für das Ganze, dasselbige durch mehr Menschen und mannigfaltigere Wege zu erhalten.

der wird mit mir eine auffallende Aehnlichkeit zwischen verschiedenen Völkern des südlichen Rußlands, womit uns einige neuere Reisende bekannter gemacht haben, und, welche überdem wie die Aehnlichkeit der Sprache, ja so gar des Dialects ergiebt, mit ihnen aus einem Völkerstamm, ja wohl aus einem Zweige abstammen, entdecken, und hierin manchen Aufschluß finden. Es sind noch nicht lange *) fixirte Nomaden ihrem Hirtenstande ergebener, als dem Ackerbau und seinen Folgen. Daher der ungleich zahlreichere Viehstand als bey den Deutschen, der meiste Lebensunterhalt von der Molkennutzung, die herumschweifende Art, ihr Vieh durch alle Jahrszeiten zu hüten, die Neigung die Heyden-Steppen auszubrennen; daher ferner, daß die allermeisten Dörfer nur auf leichten Sand angelegt sind. — Es fehlt nicht an fetten Gegenden und Niedrigungen, die ließen die Alten mit Holz bestauden — weil die Leute sich überhaupt keinen mühsamen Ackerbau gewünscht haben mögen, und heute noch eigentlich nur Rocken und Heydekorn zu ihrer Nothdurft anzubauen wünschen **); daher ihre so einfache Bauart, ihre Neigung einzeln zu wohnen,

---

*) Wenn es von der selbst gelassenen Gewinnung einer veränderten Gestalt einer Bevölkerung die Rede ist; so kann man einige Jahrhunderte vom Anfange her wohl nicht für lange halten.

**) Ein anderes ist, wo die Leute durch fremde Beyspiele und fremde Obrigkeit, oder durch die Nothwendigkeit, ihre baare Abgaben zu erreichen, zu was mehrerem gebracht worden sind.

wohnen, oder doch für sich, ohne auf die gesellschaftliche Verbindung zu achten, zu handeln — die Zusammenwohnenden in Dörfern haben heute, aller Verordnungen ohnerachtet, noch keine gemeinschaftliche Hirten, Hüthungs- und Feldordnung u. s. w. — ihr Wunsch, sich so viel möglich selbst alle Bedürfnisse zu verschaffen, ihre Abneigung gegen Fabriken- und Manufacturfleiß *) und den daraus entstehenden Handel, ihre Meinung vom gemeinen Eigenthum der Wälder, vielleicht auch ihre Abneigung gegen den Krieg unter regulairer Disciplin, wobey sie jedoch dem Dienst zu Pferde merklich den Vorzug geben, und ihre Entschlossenheit ihren Wohnsitz geschwind zu verlassen, wenn ihr Leiden über ein gewisses Maaß gehet. Als eine zu erhaltene Nuance ihres Characters, führe ich noch die Neigung zur wilden Bienenzucht an.

Dieser Völkerstamm, wovon ich rede, scheidet sich mit Niederschlesien ab, gehet durch die pohlnische Seite von Oberschlesien und das angränzende Kleinpohlen herein bis gegen Cracau. Um Cracau sieht man eine merkliche Abänderung, ein mehr ackerbautreibendes an seine Wohnplätze fester geheftetes Volk. Ein dem letztern ähnlicher Zweig berührt Niederschlesien und erstreckt sich durch Großpohlen.

F 4 Unser

---

*) Was dermahlen an Flachsspinnerey existirt, ist wohl auf nähmlichen Wege, den die vorige Anmerkung enthält, entstanden; ist auch gegen die deutschen Gegenden sehr geringe.

Unser friedliches und — wenn wir es nach seinen National-Gewohnheiten betrachten — gutes unschuldiges Hirtenvolk, ist kaum über den ersten Zustand der Natur erhaben. So ist seine Viehzucht — mit den Menschen in einerley Gemächern, die unmittelbare Nahrung derselben — sein Ackerbau, seine Sitten, und auch seine Religion. Es ist um desto schwerer, daß sie sich ausbilden, weil ihnen ein schlechter Strich zum Erbtheil gefallen ist, der zum Fleiß nicht reizt, und weil man sie überdem zu fremder Verfassung und Sitten hat nöthigen wollen. Ihr eigenthümlicher Character ist daher nicht zur Ausbildung gekommen — ihre Viehzucht schlecht, obwohl zahlreich —, und zum fremden haben sie nur mit Zwang, das heißt äußerlich, und da nur wenig gebracht werden können.

Hier ist nun eine Probe, daß dieses Volk geschwind genug umgewandelt, und unserer Ackerbau treibenden Nation inniger einverleibt werden kann. Die vier neuen Dörfer, wovon ich redete, sind nach ihrer Art vorzüglich gut gelungen. Ihre Aecker waren am geschwindesten gerodet, alles aus eigenem Fleiß, statt daß die deutschen Colonisten große Beyhülfe bekommen, und heute noch nicht fertig sind; ihr Viehstand vermehrte sich sehr ansehnlich, und ist jetzt wohl doppelt so stark, als in den deutschen neuen Dörfern, nach Verhältniß der Besitzungen. Die letztern bekamen den ersten Stamm umsonst, die erstern nur einen Vorschuß dazu, und diese Dörfer blühen, die Leute werden wohlhabend, sie wissen die ihnen beygelegte mehrere Freyheit so zu schä-
schätzen,

tzen, daß nicht allein keiner aus Wegziehen denkt, sondern, daß auch solche Stellen höher am Werth gehalten werden, als alte Güter, die sechsmahl größeres Terrain, aber einen mehrern Zwang haben. Nun setze man noch dazu, daß die deutschen Colonisten ganz auf Königl. wenigstens zehnfache Kosten angesetzet sind. Man muß freylich dagegen wieder billig bedenken, daß diese fremd, ohne Unterstützung der Ihrigen waren. Es wird sich übrigens ergeben, daß die Ansetzung der Deutschen nicht weniger nützlich und sehr weise war, und ich führe jenes nur an, um auf den Weg aufmerksam zu machen, worauf dieses Volk unserm Staatsinteresse mehr einverleibt werden könnte. Man muß freylich nicht daraus schließen wollen, daß man das Volk nur von allen Diensten und Zwange frey machen dürfe, um es zu haben wie man wünscht; da möchte sich dasselbe mehr zu seinem alten Zustande zurück, als zu einer bürgerlichen Policirung neigen, die größern Wirthschaften, und alles was mehrere Hände erfordert, würden wohl unbearbeitet stehen bleiben. Nach meinem Dafürhalten gehöret dazu ein anderer Gang, mit eigner Aufmerksamkeit. Die durch das Coloniewesen geschehene Mischung mit Deutschen und Freyern, ist immer der erste und größte Schritt.

Dieser pohlnische Zweig, auch wohl die mehr policirten Zweige, werden indessen wohl nie ganz ihren ursprünglichen Character verlassen; daran ist aber auch bey rechter Erwegung der Sache wohl nichts verlohren. Der erstere drückt sich bey allen ihren Anlagen und Kunstwerken,

werken, dadurch aus, daß man gewiß das allereinfachste, das allerleichteste Mittel, einen gewissen Endzweck zu erreichen, antrifft. Es ist meistens genüglich, und oft so simpel, daß ein Deutscher davon frappirt wird. Dieser Character ist das künstlichste, gründliche, ꝛc. oft bis zum pedantischen, Ueberflüßige *). Man sehe zum Beyspiel nur ein oberschlesisch-pohlnisches Eisenwerk und ein deutsches; man erwäge es aber unpartheyisch, was mit jedem ausgerichtet wird! — Ein Mittelding wird als das öconomisch Beste einleuchten **).

Ich wende mich zu meinem Zweck, zu einem Abriß des schlesischen Coloniewesens. Nach diesem ersten Versuche

*) Wo die Kunst im hohen Grade erforderlich ist, da will es freylich mit den Pohlen nicht fort. Das Willitzker Salzbergwerk ist eins der herrlichsten und kunstreichsten Werke in der Welt; aber die Eingebohrnen sind nur Handlanger, nie Angeber gewesen. Ich erstaunte, die alte deutsche Bergsprache zu hören, ihr Ursprung, der von der ersten Einrichtung und Betreibung durch Deutsche herrührt, ist älter, als die Geschichte es nachweisen kann. Hernach sind die Pohlen eine Periode sich selbst überlassen gewesen, und sie vermogten nicht, es in der vorgewiesenen Art fortzusetzen, sie baueten unordentlich. Dieses wurde wieder unter den sächsischen Königen durch Deutsche verbessert, und in deren Direction steht es heute wieder.

**) Das verstünde sich von den äußern Anstalten. Eine Verbesserung des Products, und besonders eine ordentliche Einrichtung des damit verknüpften Forstwesens, müßte wohl aus deutscher Leitung erwartet werden.

suche wurde im Jahr 1772. schon etwas mehr gethan, und in den Oppelschen Forsten acht neue Dörfer, in den Briegschen eins, nnd in den Carlsmarkschen zwey, endlich auch von der Briegschen Cämmerey und dem Stift Czarnovanz, von jedem eins, also zusammen 13 Dörfer von 250 Stellen erbauet. Das Maß der Grundstücke war ungefähr dasselbige, doch wurde es bey den Königl. vermindert, und von nun an auf 12 Morgen zu Acker, 4 Morgen Wiesen, und 1 Morgen Garten festgestellet. Diese neue Dörfer wurden ganz für ausländische Deutsche bestimmet, und auf herrschaftliche Kosten ganz gebauet und eingerichtet.

Im 1773sten Jahre, wo ich in das Geschäft herein trat *), wurden 15 Dörfer ganz auf Königl. Kosten erbauet; zehn in den Oppelschen Amtsforsten, vier in den Skorischauer bey voriger Verwaltung verwüsteten, theils auch entbehrlichen Forsten, und eins vom Stift Czarnovanz, zusammen von 300 Stellen. Alle diese wurden in dem nähmlichen Verhältnisse, wie die vorjährigen, etablirt, auf Königl. Kosten gebauet, und für ausländische Deutsche bestimmet. Bey der, vom Stifte Czarnovanz, bestimmte indessen der Zufall ein andres Verhältniß. Sie wurde in einem von jeher wüsten unnützen Lug gelegt, dieser mußte durch Abzüge dazu urbar gemacht werden, und diese machten ein dreymahl größe-

res

---

*) Daß ich von mir rede, geschieht nicht um meinet, sondern um andrer willen, und, um mit Glaubwürdigkeit reden zu können.

res Terrain trocken, als für die vom Stifte übernommene Anzahl Stellen erforderlich gewesen wäre; sie bekamen also dreyfach so viel, es mußte aber auch zugleich statt der Huthung und Gräserey dienen; so entstand in einer der wüstesten Gegenden ein bald blühendes Dorf, von 20 kleinen Holländereyen. Nun war alles einigermaßen entbehrliches Terrain auf den Königlichen Domainen in neue Dörfer umgeschaffen.

Die Oppelschen Forsten können zwar noch fast 200000 Morgen, à 180 Morgen Rheinländisch, enthalten, — die übrigen Königl. Terrains wollen dagegen nichts sagen, haben auch schon ihre anderweite unabänderliche Bestimmung. — Aber man bedenke, daß ein großer Theil meist in ausgebrannten, und dadurch vollends unfruchtbar gemachten Heiden bestehet, die, als Wald, wenig und sonst gar keinen Werth haben; daß, außer den alten Dörfern, deren ohne die Vorwerker einige 40, und darunter sehr ansehnliche sind, acht und zwanzig [*] neue Dörfer ihre Heerden darin zu weiden haben; daß die alten Dörfer zu freyem Brenn- und Bau-Holz berechtiget sind, die neuen ihren Bedarf künftig auch nirgends anders erhalten können; daß diese große Domaine dessen selbst viel bedarf, mit Einschluß der in gewissen Betracht sehr wichtigen Eisenwerke; und endlich, daß das Oppelsche das Magazin von Bau- und Brenn-Holz für Breslau und einem schönen Theile der Provinz,

---

[*] Vor 1771. waren schon 6 neue Dörfer darin angeleget, worunter ein Hußitisches blühendes von 100 Besitzungen ist.

Provinz, nähmlich für die deutsche Seite, von Brieg fast bis zum Zobten, geworden ist, seitdem der Krieg, und auch mehrerer Anbau, die kleinen Wälder in diesem Striche verzehrt hat; endlich sehe man, wie treflich diese sonst verachtete Parthie dazu liegt, und durch die besten sinnreichsten und doch simpeln Flößereyen in den großen Plan herein gepaßt ist, und man könnte eher besorgen, es sey zu neuen Etablissements zu viel als zu wenig verwandt worden. Man sehe aber als gewiß, daß dieser sonst unbedeutende Theil, durch die thätige weise Regierung, freylich nach Erforderniß der Zeitveränderung und unter deren Mitwürkung, ein schätzbares Stück des Ganzen geworden ist. Er ist dabey nicht verabsäumet, nur als ein Opfer für das übrige betrachtet, sondern, wie man siehet, ansehnlich bevölkert, angebauet, und auf zehnfache Art melioriret worden.

Se. Majestät konnten Sich mit ihren großen weisen Absichten im Bevölkerungs-Geschäft unmöglich durch die mäßigen eigenthümlichen Striche der Crone begränzen lassen; sondern Sie wollten diesen Segen auf die ganze Provinz verbreiten, mithin mußte es nun auf das Privat-Eigenthum übergehen, oder es hätte aufhören müssen, wo zwar etwas für einen verabsäumten Strich schätzbares, aber im Ganzen nur wenig Bedeutendes gemacht worden wäre. Ehe ich von dem weitern Gange gedenke, erlaube man mir einige Reflectionen über das Vorhergehende.

Das

Das Maß der Grundstücke zu einem Colonat ist nach weiser Ueberlegung so angenommen worden; es sollte so viel seyn, den Stellen annehmlichen Werth zu geben, — diese würden in dieser Gegend bloße Häuslerstellen nicht gehabt haben, — den Bewohner ernähren und fesseln zu können.

Die Ernährung sollte nicht nach dem alten Schlenter aus einem großen Terrain ohne Fleiß gezogen werden, sondern nur bessere Bearbeitung sollte sie, und Industrie allein, Wohlhabenheit zuwege bringen, und derjenige, der nicht auf eigne Industrie, Manufactur-Fleiß ꝛc. fiele, sollte Raum übrig behalten, an andern zum Theil dem Ganzen intereßirenden Arbeiten, — dahin gehören die Holzschläge, Flößereyen, Hüttenarbeiten ꝛc. — zu helfen. Alle diese Zwecke sind zum Bewundern jetzt schon erreicht worden. Und was ist für solche Sachen ein Zeitraum von 5 Jahren?

Wir haben neue Dörfer, wo ganz neue Arten von Culturen mit sehr gutem Erfolge eingeführt worden sind, wir haben andere, wo Spinnereyen und Webereyen bereits starken Anfang gewonnen haben. Deutsche sind unter Pohlen in hinlänglichem Verhältniß gemischt worden. Einige von den neuen Dörfern sind zwar gegen jene noch zurück, — daran war meistens die erste Stimmung der Colonisten, die sie oft nur von einem erhielten, Schuld, — aber die ersten Zwecke, Vermehrung der Menschen, Mischung, Vermehrung des angebaueten Landes, der Arbeiter, helfen sie alle erreichen, und Beyspiel

spiel und verbesserte Generation wird sie auch endlich alle zu den höhern Erwartungen helfen. Erzwingen läßt sich darunter nichts. Der Mensch, der mit Fleiß etwas ausrichten soll, muß seinen freyen Willen haben, höchstens nur geleitet werden.

Man urtheile vom Erfolge indessen daraus, daß wir neue Dörfer haben, wo vor 7 Jahren Wüsteney, Bruch, oder nicht nußbarer Wald war, worinnen heute schon ein Colonat zweyfach theurer bezahlt wird, als das größte zehnfach stärker dotirte Bauergut nicht bezahlet wird; und dabey ist wohl zu merken, daß die Lasten der letzten nicht etwann so groß sind, daß sie dem Grundstück den Werth benehmen sollten. Das machen die fremden, fleißigern, mehr an ihrem Sitze gehefteten Bewohner, und die nähere Zusammendrängung der Menschen, endlich der höhere Grad der Freyheit und des Eigenthums — der Grund aller bürgerlichen Glückseligkeit.

Man wird nun wohl von selbst auf den höhern Endzweck dieser Etablissements schließen können; denen alten Einwohnern Beyspiele vom Landbaufleiß zu geben, ihm die Früchte der wahren *) Freyheit und Eigenthums wünschen zu lehren, kurz, ihn mehr zu fixiren, und unserm Ackerbau treibenden Staate inniger einzuverleiben, die Nation an und vor sich zu mischen. — Dieser große Zweck wird erreicht werden, dazu zeigt sich schon starke Grundlage.

Wer

---

*) Ihr jetziger Wunsch ist nicht bürgerliche Freyheit, es ist Ungebundenheit.

Wer kurzsichtig genug wäre, nicht bis zu den höhern Zwecken zu bringen, der würde diese Summen für schlecht angelegt halten, indem das angelegte Capital wohl kaum zu 2 Procent unmittelbar verinteressirt wird. — Es könnte höher genutzt worden seyn, aber denn wären die rechten Zwecke viel später und minder erreicht worden. — Aber das ist nicht nach den Grundsätzen ächter Staatskunst, die durch Ordnung und rechte Eintheilung Mittel genug hat, um gegen wesentlichere Vortheile nicht geitzen zu dürfen.

Endlich gedenke ich noch von der Aufsicht beym Etablissement der Königlichen Colonien: daß solche, ohne neue Menschen dazu nöthig zu haben, ohne an derselben vorigen Verrichtungen etwas zu versäumen, vollführt worden ist. Die vorgesetzten Forstbediente, in deren Revier es traf, besorgten den Bau, Besetzung, und das ganze Speciale der Oberforstmeister, die nähere Oberaufsicht, Revisionen der Anstalten, Correspondenz und nahen Verhaltungsmaße vom Finanz-Collegio, und nach Beschaffenheit der meisten Sachen, unmittelbar vom Chef. — Ein Beweis, was eine selbstständige Provincial-Verfassung für Früchte tragen kann. Ich bin sicher, daß unter keinen andern Umständen das hätte geleistet werden können.

Um die Verfassung, worinnen die Colonisten gesetzt worden sind, zu zeigen, andern verständlich zu machen, bringe ich bey, daß sie einen sehr mäßigen festbleibenden Grundzins, und keine eigentliche Hofedienste — oder
wie

wie es hier heißt, Robotten — zu leisten haben; daß sie nicht dem Unterthänigkeits Nexu *) sondern nur der Gerichtsbarkeit und übrigen Aufsicht des Dominii, überdem dem Laudemio, das heißt, 10 pro Cent Abzug bey Erb- und Wegziehungs-Fällen, ferner dem Brau- und Brandteweins- und Mühlen-Regal unterworfen sind. Sie genießen also die Freyheit ihre Kinder dienen zu lassen, wo sie wollen, und zu arbeiten, wo sie das beste finden. Man wird von dem letztern den guten Erfolg hören.

Nun schritten Sr. Majestät in Ihrem großen Plan fort; Sie hatten darüber mit dem Chef der Provinz, in gegenwärtiger Sache, das erstere verabredet, und wollten zum ersten Versuch im Trebnitzischen, Oelsnischen, Wartembergischen, Creutzburgischen, und Namslauischen Creisen, dreyßig neue Dörfer auf Privat-Gründen erbauet haben. Der Chef machte mir den Auftrag, mit den Vorstehern der Creise die Gelegenheiten dazu auszusuchen, und die Umstände zu erwägen. — Hierbey will ich, andern in ähnlichen Umständen zur Belehrung, meine Schwächen gestehen. Ich fürchtete mich aus zwiefachen Gründen nicht wenig vor dieser Commißion, einmahl hielt ich die Sache in einer schon ziemlich bevölkerten Gegend

―――
*) Die schlesische Unterthänigkeit ist der Pommerschen und Altdeutschen fast gleich, und meist nur durch neuere Gesetze gemilderter geworden. Sie gestatten indessen, mit Einschränkungen, Eigenthum, und unter gewissen Umständen, Befreyung.

G

genb für zu hoch gespannt — der Erfolg beschämt meinen Unglauben — und denn, so kannte ich noch nicht ein selbstständiges Provincial-Regiment, und die freye und edle Art, in der dasselbe nur handeln kann; ich fürchtete einen üblen Gang der Sache, und daß, nach manchem Beyspiele von andern Orten, solches mir zur Last geschoben werden könnte. Aber wie glücklich bin ich auch hierin desabusirt worden! — Ich wollte mich sicher stellen, ich forderte bestimmte Instructionen, sagte, was ich von dem Geschäft in der Ferne wissen konnte. Man genügte mir so viel es angieng, das heißt, ich betrachtete eine Sache mit Vorurtheilen, die ich ihrer künftigen eigentlichen Anwendung nach, noch nicht wissen konnte, und verlangte Leitung auf Pfaden, die ich erst aufspühren sollte. Das Geschäfte war durchaus neu, und es hätte Theorie ohne Erfahrung seyn müssen, wenn es die geben könnte. Nun kam das Frühjahr, die Zeit der Operation, ich mußte zur Sache schreiten und die Speculationen fahren lassen. Wie so ganz anders fand ich die Sache im Angesicht, als in der Ferne! Das böse Gespenst verwandelte sich bald in einen traitablen Reisegefährten.

Um der Sache, um anderer Willen, muß ich noch eine Ursach entwickeln, die mich zu dem Vorurtheil leitete, daß zu viel verlangt seyn möchte. Ich trug immer das Bild des Halberstädtschen mit mir herum, welches mich erzogen hat, und worinn ich den Nahrungsstand und die Landwirthschaft, am eigentlichsten habe kennen lernen

nen — alle unsere Begriffe in diesem Fache bilden sich relativisch, und das bekannteste Beyspiel wird leicht Vorbild. — Dieses Land ist ein paar Jahrhunderte eher in policirte Bevölkerung gekommen, hat heute noch, wenigstens in Rücksicht des Ackerbaues, einen sehr merklichen Vorsprung, und ehe ich den sahe, mußte diese Idee mein Geschäfte sehr schwer abbilden — nähmlich, den geschwinden Gang desselben, denn auch das Halberstädtische, Magdeburgische, würde noch nahmhafter Verbesserungen des Landbaues und seiner Bevölkerung fähig seyn, aber auf ganz andere langsamere Wege — so bald ich aber mein Object kennen lernte, fand ich es gar anders. Nun war mir die eigentliche Kenntniß eines weiter gekommenen Landes ungemein beyhülflich, ich konnte mir den Begriff auswickeln, wie es künftig werden könnte und müßte, darnach konnte ich meine Entwürfe formen. Auch die übrigen furchtsamen Speculationen, meist von übel gelungenen oder geführten Anlagen hergenommenen, wurden nicht als falsche unnütze Einbildungen vergessen, sondern als Erfahrungen benutzt. Als so viel Klippen möglichst vermieden; so fand ich mich als einen hier Fremden besser dazu anpassend, welches ich als Schlesier nicht gewesen seyn würde. Nun bitte ich der Vorsicht mein Murren ab, als ich der väterlichen Hufe und meinem Plan von stillem Leben in meinem Winkel, entrissen wurde; sie hat es gethan, um mich in einem andern Winkel meines größern Vaterlandes, um einige Grade nützlicher zu machen, und meine verlohrne Ruhe — ich halte es für eine Sache vom großen Werth — o Rus quando te adſpiciam! hoffe ich wenigstens durch mehr Kraft und durch Nachsichten erleichtert zu erhalten.

Ich nahm also die Bereisung dieser Creise nach einander vor, so umständlich, als es die dazu gelassene kurze Zeit zulieſs. Ich fand an den Vorstehern derselben zwar überall Beystand, aber bey den meisten viel Vorurtheile und Furcht zu bestreiten, deren ich mich selbst kaum entlediget hatte. Bey dem Herrn Landrath von Poser im Wartenbergischen fand ich indessen bald das Gegentheil, die thätigste Unterstützung und richtige Leitung. Da dies zur künftigen Gestalt den Grund legte; so will ich etwas genauer davon reden. — Wie gut wäre es, wenn man von allen gröſsern Dingen die ersten Anfänge wüſste! — Wir fanden den Herrn Grafen Dyhern von Resewitz, eins der würdigsten Mitglieder der patriotischen Gesellschaft, — imgleichen den damahligen regierenden Standesherrn von Goschütz, bald geneigt, neue Dörfer zu bauen, wenn die Bedingungen annehmlich ausfallen könnten. Wir sagten ihnen, was wir wusten, sie forderten mehrerley, wir überlegten, standen vorläufig zu, oder lehnten es ab, behielten aber vor Augen, wo möglich den Zweck mit gelinden Mitteln zu erreichen zu suchen. Mit dem Herrn Grafen Dyhern, schlossen wir bald ein vollständiges Abkommen, daſs Er von einem entlegenen Vorwerk bey Rudersdorf ein neues Dorf von 24 Stellen machen wolle; mit dem Herrn Standesherrn hielt es schwerer, es kam aber auch zu Stande, und die Schwierigkeiten gaben nur Gelegenheit, manche Cautelen auf das Allgemeine zu ziehen.

Nicht

Nicht weniger waren des Herzog von Oels Durchlaucht schon im Begriff, ein neues Dorf zu bauen, und fanden sich bald geneigt, noch eins anzulegen, haben es auch, wiewohl ganz auf Dero Kosten, ausgeführt. Diese dreyerley arrangirte Anlagen, die übrigen entdeckten Fälle, wo freylich nur von den Commissarien einseitig geurtheilt war, dazu benutzt, vorzüglich aber das ausführliche Abkommen mit dem Herrn Grafen Dyhern, gaben die Data der diesfalsigen Königl. Declaration vom 28sten August 1773. an die Hand, und legten mithin den Grund zu dem so ansehnlichen Ständischen Colonie-Bau. — So viel Gutes kann die Bereitwilligkeit und das Weitersehen eines patriotischen Standes stiften! Ehe ich davon rede, was für Gutes alles dadurch bewürket ist, und welche glückliche Wendung das Geschäft mit hierdurch bekam, will ich erst vom Ausgange meiner Bereisung gedenken: daß ich nicht nur Gelegenheit absahe, wo die 30 neue Dörfer nach dem Wunsche Sr. Majestät hingelegt werden konnten, sondern daß auch 21 neue Dörfer auf denen von mir ausersehenen Gelegenheiten wirklich, und zwar nach freyem Willen der Besitzer, aufgebauet sind, und daß noch andere Freywillige auf andere Stellen 13 Dörfer, mithin mehr, als der höchste Wunsch war, nachher etablirt haben. Ich darf wohl nicht entschuldigen, daß nicht alle Vorschläge realisirt wurden. Es kam erstlich auf den Willen der Stände an, manche hatten Abneigung dagegen, und ohne diese wären vielleicht noch mehr zu Stande gekommen, und wer weiß nicht, daß ein jeder auf seinem eignen Terrain nicht alsobald einen dergleichen sichern

Schluß

Schluß machen wird, wie viel weniger ein Fremder. Das ist nichts leichtes, und in einer Bereisung nicht bald zu machen. Besonders wo man ohne ihre Leitung gehen soll, da werden thunliche Sachen, die entdeckt werden, erschweret, und andere gar versteckt.

Es war nähmlich noch unentschieden, ob der von Sr. Majestät sehr weise aber sehr dringend begehrte Coloniebau, mit eignem beytretenden Willen der Grundherren, der dazu ausersehenen eigentlich nutzbaren Objecten, oder lediglich auf Königl. Befehl und Kosten geschehen sollte. Weil die Sache so einen großen Schwung bekommen sollte, — und auch mußte, wenn es bald zu einer veränderten Face den Grund legen sollte, — weil nicht die bloße Bevölkerung, oder allein der Nutzen für die Grundherren, sondern dabey ein rechtes Maaß von Freyheit und Eigenthum der neuen Einwohner beabsichtet wurde; so sahe man nicht bald den rechten thätigen Beystand der Grundherren ab, man fürchtete vielmehr, einen gegenseitigen Weg gehen zu müssen. Wer weiß nun nicht, wie schädlich in andern Betracht, alle Zwangs-Mittel, auch zu den nützlichsten Zwecken, — wenn diese allenfalls erreicht worden, — sind?

Dieser Schade wurde durch den Ausgang jener Bereisungen, und vorzüglich durch das Beyspiel des Herrn Grafen Dyhern, in einem jedermann angenehmen, und wie ich gleich zeigen will, doch zweckerreichenden Weg verwandelt.

Oben

Oben angezogene Königl. Declaration liegt durch den Druck jedermann vor Augen, und es ist daher nicht nöthig, solche umständlich zu diesem Endzwecke durchzugehn. Den erstaunenden Effect wird man gleich hören, welcher die beste Gewähr ihrer Anpassung ist, und es bliebe mir nur noch übrig, einige Umstände des Gesetzes zu erklären, welche von den Grundsätzen des immediaten Königl. Colonie-Etablissements abzuweichen scheinen, oder welche zweydeutig seyn könnten *).

Im ersten §. werden die Objecte angegeben: unnutzbare Forsten, — in diesen Gegenden nichts seltenes, —

Brand-

---

*) Iselin hält es für Schuldigkeit guter Unterthanen, über Gesetze zu urtheilen; das heißt, mit Bescheidenheit und nach Wahrheit urtheilen. Ich setze dieß nicht zur Schutzwehr meines Unternehmens her. In unserm erleuchteten Staate hat man das nicht nöthig, schiefe Urtheile der Mitbürger könnten ebenfalls davon abprallen. Wenn aber dieses ursprüngliche Recht anderwärts verkannt, der daher fließenden Pflicht gewehret wird; so findet man auch die Früchte in unpassenden schädlichen Gesetzen, die alle Augenblick erläutert, oder wohl gar widerrufen werden müssen, und wovon am Ende diejenigen, die sie zu besorgen unternommen haben, selbst nicht mehr wissen, was gültig oder ungültig, wenigstens nicht was passend oder unpassend ist, und im Mangel guter nützlicher Gesetze, da ist denn noch im hohen Grade wahr, was Cicero sagt: „daß man vom wahren Rechte „und der ächten Gerechtigkeit keinen zuverläßigen, keinen „ächten Abdruck hätte; daß man sich nur mit Schatten und „unvollkommnen Bildern behülfe." Eine anständige Druckfreyheit kann hierinnen viel gutes stift

Brandflecken in den Wäldern, — in Oberschlesien häufig genug, aber schlechten Boden, ohne gutes Wiesewachs und Weide-Terrain nicht zu beurbaren, auszutrocknende Brücher und Lugen, — das ist allemahl wahrer Zusatz zum Landesvermögen; es ist aber auch die schwerste Art der Anlagen, nicht bald, nicht leicht, nicht ohne einsichtige Leitung und höhere Unterstützung gemacht. Hier ist gewiß noch manches rückständig, — wüste Teiche, und Leden, — der erstern giebt es, da die Fischereyen theils abgenommen haben, theils der Geschmack daran unsere Vorfahren zuweilen verleitet hat, da Teiche anzulegen, wo eigentlich kein guter möglich war. Leden, sind liegen gebliebene Aecker, meistens nur deshalb, wenn die Feldmark an sich und gegen die Wiesen, zu groß ist, vor allen andern zum Coloniewesen nützlich. — Zu weit entlegene zwar noch cultivirte Aecker, aber aus denen nicht der rechte Nutzen gezogen worden, und unentbehrliche oder abzutauschende Hütungen, — ohne den ersten Punct, die Entbehrlichkeit, Ueberfluß, für einen Grund zur Bebauung zu erklären, wäre fast nicht möglich gewesen. Man erinnere sich der Ungebundenheit der Oberschlesier, — und denen gilt es hauptsächlich, — und man kann glauben, daß auch das aller entlegenste Terrain von irgend jemand behütet worden ist. Doch ist hierzu selten wirkliches Recht, meistens nur Usurpation oder Pachtgenuß, und ich glaube nicht, daß das nur einmahl gestöhret worden ist. Mithin wird man schon am Zuschnitt sehen, daß alle die neuen Anlagen, ohne Eintrag der alten, zu Stande gebracht werden sollten, — eine nothwendige und gerechte Regel,

Regel, wogegen ich anderwärts habe oft verstoßen sehen!

Im 2ten §. wird die Stärke der Possessionen und der Dörfer bestimmet. Es werden von 8 bis 20 Mgl. Magdeburgsch zu einer Stelle, und wenigstens sechse dergleichen bey einander erfordert. Es ist also hier ein kleineres Maaß zuläßig, als bey den Königl. angenommen war. Dies geschahe in Rücksicht der angebaueten Gegenden, und des etwan bereits beurbarten guten Landes; überhaupt aber, um die Sache möglichst zu erleichtern und allgemein zu machen, wurde erfordert, daß wenigstens 6 solcher Possessionen bey einander seyn sollten, weil solche Einwohner an und für sich gesellschaftlichen Beystand nöthig haben, ihrer Nahrung wegen, und weil auch in Oberschlesien zu entlegene Gegenden vorkamen, wo das einzelne Wohnen nicht thunlich war. In sehr angebaueten Gegenden mußte man just den umgekehrten Gang gehen.

§. 3. Bestimmt die Art zu bauen, nähmlich auf Fachwerk mit maßiven Feuermauern. Das Maaß konnte unmöglich zum voraus bestimmt werden, als man aber merkte, daß viele unter der Billigkeit blieben, mußte immer erst der Riß vorgelegt werden.

Der 4te §. redet von den neuen Einwohnern. Se. Majestät wollen zwar vorzüglich Ausländer dazu genommen sehen, erlauben es aber auch von unangesessenen Einländern; doch mit dem ausdrücklichen Befehl, in den pohlnischen Gegenden nur Deutsche zu nehmen, sowie es gestattet wird, in den deutschen Pohlen zu nehmen.

Dieser Abschnitt ist ungemein wichtig, und darin liegt die ganze weise Intention des Monarchen: Vermischung, und mit der Zeit Vereinigung der Nation. In den pohlnischen Gegenden Deutsche zu bekommen war schwerer, und überhaupt nützlicher, darum wurde dieses ausdrücklich gefordert, der umgekehrte Fall nur zugelassen; dieser konnte in der Zeit bey Unruhen in Pohlen auch nützlich werden.

Vorzüglich Ausländer, aber auch unpossessionirte Einländer! Welche weise Anordnung! Der Ausländer ist freylich ganz Gewinst, bringt oft ganz neue Culturen mit; es hält aber auch immer hart, bevor er sich eingewöhnt, und dies macht den Vortheil zum Theil unsicher. Es ist zwar vorzüglich empfohlen, deshalb aber die solideste obwohl langsamere Bevölkerung, aus sich selbst, keinesweges abgeschnitten worden.

Ich habe hiergegen zuweilen verstoßen sehen, und es ist doch wahrhaftig die beste und sicherste, und endlich sehr wohl thunliche Bevölkerung, wenn gewisse Hindernisse, die so manchem, eine Familie zu pflanzen, hindern, gehoben, und solche Gelegenheiten dazu geschaffet werden.

Der 5te und 6te §. bestimmt das Verhältniß gegen die Werbung und Unterthänigkeit, nach Maßgabe alter Landesgesetze.

Der 7te §. überläßt es denen Dominiis, über die Conditionen mit ihren Colonisten überein zu kommen, setzt jedoch dabey die Billigkeit zum voraus. Hierunter ist der Zustand von Uebergebung der Stellen und die jährliche Prästation zu verstehen. Eine Sache, die sich von selbst in billigen Schranken halten mußte, weil es überhaupt schwer war, Leute dahin zu bekommen, und besonders so viele Stellen in der vorgeschriebenen Zeit mit Wirthen zu besetzen. Vorschrift wäre dabey wegen sehr großer Verschiedenheit nicht möglich gewesen. Es ist auch nach der Billigkeit gesehen worden; obgleich die sehr geringen Prästationen der Königl. Colonisten nicht geradehin pro principio genommen werden konnten. Einmahl ist an die Privat-Colonien lange das nicht gewendet, und auch von einem Privatmann nicht zu verlangen, daß er, mit 2 Procent unmittelbaren Nutzen von dem aufgewendeten Capitale zufrieden seyn soll. Allgemein ist indessen ausgenommen, daß keine Natural-Dienste, sondern nur Geldzinß geleistet werden sollen; dadurch allein ist die Ueberlastung schon gehemmt. Diese Gegenden bekommen nun einen viel höhern Werth, und was ein ansehnlicher Zinß scheint, wird bald ein mäßiger seyn. Daß endlich nicht vorgeschrieben ist, was denen Leuten in der ersten Einrichtung ihrer Wirthschaft gegeben werden soll, ist sehr gut. Ich bin nähmlich der Meynung, daß, je mehr man den Colonisten vermögen kann, an seine neue Besitzung Arbeit und Mittel selbst zu wenden, je sicherer, je fleißiger ist er.

Endlich

Endlich wird die Aufhebung des Unterthänigkeits-Nexus gebothen, das Laudemium, einen Abzug von 10 Procent, aber gestattet, um freyere Leute zu haben; dennoch aber denen Gutsherren Land genug zu laßen.

Der 8te §. bestimmt die Bauhülfe, nähmlich 150 Rthlr. auf eine Stelle, und die Cautions-Stellung für die gehörige Ausrichtung. Dieser Satz ist eigentlich nur knapp hinlänglich zur ordentlichen Aufrichtung einer Stelle, — die Königlichen haben mehr gekostet. — Diejenigen, die sich die Eile des Geschäftes zu Nutze gemacht haben könnten, es viel schlechter auszurichten, werden nunmehr, da ein kleiner Stillestand genommen worden, vermöge der Caution, wohl dahin gebracht werden, das Mangelnde nachzubringen. Um den Schwung der Sache nicht zu hemmen, durfte während des Laufs nicht viel dabey geschehen; leider sind noch zu viele, welche nur den gegenwärtigen Vortheil, den großen künftigen, so allgemeinen als besondern aber, gar nicht erkennen. Es bleibt fest, daß alle Stellen, die gebauet, ordentlich gebauet und besetzt seyn sollten, auch wirklich dahin werden gebracht werden. Man ist schon beym Ausputzen der Sache beschäftiget, und es kann also alles als wirklich und gut angenommen werden.

Der 9te §. bestimmt die Landes-Prästation dieser neuen Einwohner. Sie sind aufs gelindeste genommen, alles aber verhütet, was gegen die alten Unterthanen unbillig wäre, ja auch in einigen Stücken davon Erleichterung beabsichtet.

§. 10.

§. 10. Erlaubt die Ansetzung der Profeßionisten, nur der Landesverfassung gemäß, und gegen das gewöhnliche Nahrungsgeld, um ihn nicht über die Alten einen jenen präjudicirlichen Vorzug einzuräumen.

§. 11. und 12. bestimmen das Baurecht und Anlegung einer Schenke nach Billigkeit. Fälle, die gerade bey der ersten Colonie des Herrn Grafen Dyhern vorkamen.

Der 13te §. verweiset die Anlage der Mühlen auf die alten Landesgesetze.

Der 14. §. bestimmt die Einpfarrung, man läßt Freyheit ohne Ungebundenheit.

Der 15te §. bringt noch einen Gegenstand zum Colonie-Etablissement nach, nämlich die Abbauung entlegener Vorwerker. Dieß ist indessen eine Sache, eigentlich nicht nach der ersten Absicht, sondern erst genauer zu überlegen, ob damit merklich mehr Vortheile zu erzwecken sind, und deßhalb ist es nicht unter die gewöhnlichen Fälle gerechnet. Endlich setzen der 17te und 18te §. noch zwey wichtige Sachen fest, nähmlich: daß, ob gleich das Edict auf die ganze Provinz extendirt worden, doch unter Anweisung der Finanz-Collegien, nur in gewissen Strichen und in gewisser Zahl gebauet werden solle. — Man wird den Effect sehen, da es am allermeisten denen bedürftigsten Gegenden zu gute gekommen, welches ohnehin durch die Handleitung des Edicts

ohne

ohne besondere Anstrengung eingerichtet werden könnte, Es richtete sich ziemlich von selbst nach dem Bedarf der Provinz ein, und endlich, so sollten etwan entstehende Streitigkeiten, wo thunlich, an Ort und Stelle, als Landes-Polizeysachen, kurz, doch gerecht und billig, ausgemacht werden.

Ehe ich den Effect dieses Edicts hersetze, will ich noch gedenken, daß die ganze Bearbeitung dieses großen Geschäfts, von nun an, durch die Cammer-Collegia und eines ihrer Glieder, dergestalt betrieben wurde, daß nichts an den vorigen häufigen Geschäften versäumt werden durfte; es ist nicht ein Mann besonders dazu bestimmet worden. Auch außer dieser Betrachtung wird man alles prompt und möglichst gut ausgerichtet finden; mehr habe ich nicht Fug davon zu sagen, da es nunmehr nicht mehr meiner Person allein, sondern andern angeht.

Im Jahr 1774. wurden hierauf von lauter freywilligen Ständen 30 neue Dörfer von 408 Stellen; im Jahr 1775. 30 von 466 Stellen, im Jahr 1766. 36 Dörfer von 489 Stellen, und im beschlossenen Jahre 26 Dörfer von 266 Stellen erbauet; alles in den obern Creisen des Breslauischen Departements. Im Glogauischen Departement und niedern Breslauischen Creise, wurden zugleich 1775. 20 neue Dörfer von 20 Stellen, und 1776. 26 von 356 Stellen gegründ Mithin zusammen 200 neue Dörfer von 2813 Stelle

Wie gut sich dieses nach dem Bedarf der Gegend vertheilt hat, wird man aus folgendem Detail des vertheilten Baues näher ersehen:

Im Breslauischen Creise sind 3 neue Dörfer, im Briegischen 4, im Namslauischen 10, im Creutzburgischen 14, im Oelsnischen 5, im Trebnitzischen 2, im Wartenbergischen 5, im Oppelschen 26, im Rosenbergischen 19, im Lublinitischen 3, im Großstrehlitzischen 3; im Coselischen 3, im Neustädtschen 1, im Toster 13, im Beuthnischen 8, im Ratiborschen 12, im Pleßischen 21, im Leobschützischen 3, im Glatzischen 8, und im Volkenhaynschen 1 etablirt; Die übrigen in dem eigentlichen Nieder-Schlesien, doch kein einziges in den recht bevölkerten Gegenden.

Es regulirte sich also alles genau nach der eigentlichen Absicht, und zwar mehr von selbst — wozu die Bewegungsgründe im Edict in Bezug auf diese Gegenden leicht gefunden werden können, — als durch Anordnung.

Nun war es auch billig, diese landesväterliche Thaten auch auf den übrigen Theil von Schlesien, und überhaupt auf die kleinern Possessores zu extendiren, und hierzu erwählten Sr. Majestät folgendes Mittel: Nachdem sich bey näherer Untersuchung fand, daß besonders diejenigen Creise, die als Landbautreibend die bessern sind, Mangel an kleinen Leuten gegen den Ackermann hatten; so wurde, nähmlich von 1775. an, die Erbauung von Häuslerstellen, gegen eine Bonification von 70

bis

bis 100 Rthlr., nachdem die Güterbesitzer Holz hatten oder nicht, resolvirt, doch lediglich für Niederschlesien; darauf sind bis jetzt zu Stande gekommen: im Breslauischen Departement 527, und im Glogauischen 709 Häuslerstellen. Es sind also von 1772. bis 1777. in Schlesien zusammen 4049 Stellen erbauet, und Familien mit wahrscheinlicher Nahrung etablirt worden.

Der Gesichtspunct, woraus die Häuslerstellen betrachtet worden, erhellet aus der gedruckten Königl. Declaration vom 26sten August 1776. Ich führe hier so viel an, daß zu jedem Hause ein Garten gegeben werden soll, und dabey nur hauptsächlich auf Ausländer gesehen worden, — diese waren in diese Gegenden leichter zu überkommen, — daß die Häusler von allen Arten Landeslasten, nur als Profeßionisten, nicht vom Nahrungs-Gelde, entbunden worden, —. der Milde Sr. Majestät gemäß, und nicht unbillig gegen die alten Unterthanen. Diese neue bekommen eigentlich keinen Antheil am Lande, und sind eben als Gehülfen des alten angesetzet worden. Durch das Wegfallen des Nahrungsgeldes als Profeßionisten, hätten sie aber vor die andern einen unbilligen Vorsprung gewonnen, — daß ferner den Grund-Herren zwar frey gelassen worden, die Conditionen und den Zinß von diesen Stellen zu reguliren, jedoch mit Voraussetzung der Billigkeit, daß die Leute in der Folge dabey bestehen können, und daß sie mit erblichen Wirthen zur rechten Frist, die von der Unterthänigkeit frey seyn müssen, besetzt werden sollen.

Hiermit haben Sr. Majeſtät einen Stillſtand des Colonieweſens beſchloſſen, und auf dieſes Jahr nur noch 150 Häuslerſtellen für den Breslautſchen und Trebnitziſchen Creis accordirt. Auch dieß hat ſehr weiſen Bewegungsgrund; eine ſolche ſtarke Pouißirung des Baues mußte denſelben, und die dazu gehörige Arbeiter, vertheuren und erſchweren, und die Beſetzung ſo vieler Stellen mußte, auf eine Zeitlang, alle annehmliche Leute aufräumen. Nun tritt dazu, alles was etwan nicht recht erfüllet worden wäre, nachzuhelfen.

Man nehme hierzu, daß ein großer Theil unſrer Landſtädte ſeit 15 Jahren gebauet, die wichtigſten Straßen gemacht, einige Flüſſe und viele Vorfluthen regulirt, Fabriken und Manufacturen, auch wirklich der Landbau, vorwärts gebracht ſind, und man wird, nach Erforſchung der Geſchichte, geſtehen müſſen, daß an der äußern Verbeſſerung des Landes, durch die letztern 200 Jahr kaum das, was in dieſen 15 geſchehen iſt.

Ich werde mir nun noch einige Betrachtungen, über das bereits vollführte Etabliſſementsweſen, über die Wendung, die es bereits genommen hat, und die es nach meinem Dünken ferner nehmen möchte, erlauben.

Man hat geſehen, daß die Crone von dem Etabliſſementsweſen eigentlich keine unmittelbare Vermehrung ihrer Revenüen erwartet. Die Dörfer tragen ſo unmerklich wenig, und die Häuslerſtellen gar nichts dazu bey, daß zu jenem Endzweck dieſe anſehnliche Summen nicht

ſchlechter

schlechter hätten angelegt werden können; auch die Vermehrung des bebaueten Landes, des Nutzviehes, des Cultivateurs selbst, ist noch nicht der ganze Endzweck, sondern man muß ihn in der tiefsten und generösesten Politik suchen. Das erste war: die Mischung der Nation, freyere glückliche Menschen, und solche, die als freywillige Hülfleister bey allerley Gewerben ihre Anwendung finden könnten, an ihren Ort hinzupflanzen, die Häuslerstellen, die Anzahl der mangelnden freyen Arbeiter, besonders für die kleineren Landwirthe, auch zu den Manufacturen, zu vermehren. Es wäre zu viel, heute schon zu verlangen, alle diese Endzwecke erreicht zu sehen, und doch sind die Vortheile schon merklich, — ich rede aus Erfahrung, — so viele Arbeiten in Oberschlesien, die man sonst gar nicht gethan bekommen konnte, ja auch in umliegender Gegend, geschehen jetzt schon durch Colonisten geschwind genug und gut; sie sind unsre besten Teichgräber, Roder, Erndtearbeiter, ꝛc. und ihre entbehrliche Kinder helfen den drückenden Mangel des Gesindes, für denjenigen Landwirth, der keine Unterthanen hat, merklich verbessern. Dieser Umstand ist mit der Wirkung der Häuslerstellen eins, und von großer Wichtigkeit. Die kleinere Landwirthschaften waren in diesem Mangel kaum bauwürdig, wenn sie auch fruchtbaren Boden haben; das Gesinde und Tagelohn war höher, als es im Magdeburgischen nicht ist, die Arbeit viel schlechter ausgerichtet, und dafür nicht einmahl zu haben, wo hingegen alle landwirthschaftliche Producte (Wolle ausgenommen, die der kleine Landwirth aber nur selten hat,) wohlfeiler sind. Woher konnte dieses

umge-

umgekehrte Verhältniß anders kommen, als aus dem Mangel der freyen hülfeleistenden Classe? Man nehme dazu, daß im Magdeburgischen fast alle dergleichen Arbeiten freywillig geschehen, und ich setze hier nur die ganz Freywilligen in Parallel.

Sollte dieses Etablissementswesen nicht auch ein merkliches zu der so sichtbaren Erhöhung des Kaufwerths der Güter in Oberschlesien, — ein sicherer Bürge der reellen Verbesserung eines Landes, — beygetragen haben? Gewiß, und besserhin wird es immer mehr, immer merklicher werden.

Dieser sonst verabsäumte, man möchte sagen meistens verachtete Theil der Provinz, ist freylich, durch mehrerley zum Theil kräftig wirkende Anstalten, so etonnant in die Höhe gebracht worden; sie waren meist Wirkungen der weisen Regierung, und die Beyhülfe kluger Staatsbürger, patriotisch-verbessernder Stände. Ich darf mich darauf nicht weiter einlassen, sondern ich muß mich beschränken, zu sagen, was ich, zur völligen Erreichung der höhern Absichten aller dieser Anstalten, besonders der Colonien, noch für dienlich erachte: das wäre die Emporbringung der Landstädte, wenn auch nur einiger *), um den kleinern Cultivateurs Absatz zu ihren Producten

---

*) Mit Pleß ist bereits ein beträchtlicher Fortschritt gemacht worden, und Tarnowitz giebt eine reelle, keine chimärische Aussicht, auf einen sehr vortheilhaften Bergbau, der freylich von Particuliers nicht in Schwung gebracht werden wird. Die erste Auslage muß beträchtlich seyn.

ducten zu verschaffen, durch die Vortheile der fleißigern Neuern auch endlich die Alten zur Nacheiferung zu erwecken, und einen Handlungsort, gleichsam einen Hafen, zur Ausführung der größern Producte, des Eisens, Getreides, der Butter u. s. f. zu etabliren. Ratibor oder Cosel schickt sich treflich dazu, und ich darf glauben, daß unsere beste Landstraße, der Oberstrohm, noch nicht genug benutzt wird. Unsere Fahrzeuge, Schleusen und Rinnen, bedürfen Reform, die Wasserfrachtführer eine eigne Polizey-Aufsicht, — sie sind jetzt in so üblem Geruch, daß sich niemand ihrer gern bedient, — die Zölle und Abgaben auf solche Producte, deren Versilberung an Fremde unser höchster Wunsch und Vortheil seyn muß, müßten vermindert, ja Anfangs die Ausfuhr gar mit Prämien in den Gang gebracht werden.

Alle diese Aussichten, die besonders Oberschlesien bald ganz umschaffen würden, dürfen wir in einer solchen Regierung uns zuversichtlich machen; freylich muß dazu seine Zeit abgewartet werden.

Was hindert uns denn, zu hoffen, daß unser Eisen, — jetzt machen wir meistens nur schlechtes, weil wir nur viel um geringen Preis anzuwehren wünschen, wir könnten aber sehr gutes Eisen machen, wenn das gesucht und bezahlt würde, denn unsere Tarnowitzer Eisenerze sind vortreflich, schade, daß ihre Förderung nicht bergmännischer betrieben wird, — so gut seewärts gehen könne, da wir einen Fluß nur gerade herunter zu schwimmen brauchen, als das aus Sibirien, dessen so

viel-

viel dahin geht, durch viel weitere und viel complicirtere Wege?

Und warum sollten wir nicht unser Getreide und Butter auf eben diesem Wege fortbringen können, da es aus Pohlen, Rußland, ꝛc. öfters noch tiefer an die See gebracht wird?

Dieser Artikel ist mir unvermerkt zu einer eignen Abhandlung angewachsen *), ich habe ihn nachgearbeitet, und ich fühle es, daß er nicht mehr in das übrige herein paßt. Manches ist schon anderwärts gedacht, vielleicht auf andere Art gedacht. Ich vermag das nicht anzupassen, zu ändern, zu bessern, ordentlich auszuarbeiten. Die Muße, die ich hierzu einzig habe nehmen können, sind kleine Abbrechungen meiner Erhohlungszeit, unsäglichemahle durch Zwischenkünfte durchschnitten. Dies wird die ungleiche Art, das mangelhafte in der Arbeit entschuldigen, mich überdem vertheidigen, daß ich nur den ersten Hinwurf aufs Papier der patriotischen Gesellschaft vorlege, ich liefere es nur als rohes Material.

Nun will ich doch noch einige Gedanken vom weitern Gange des Etablissementsgeschäftes, und eine Anwendung auf meinen eigentlichen Gegenstand, der Be-

*) Von solchen Gegenständen, von denen man etwas weiß, und die unser Inneres erfüllen, keine Abhandlung zu schreiben, wenn man nur ein Zahlengerippe zu geben unternahm, dünkt mich nun so schwer, als jenen alten Dichter, keine Satyren zu schreiben.

trachtung der landwirthschaftlichen Verbesserung durch den Kleebau, anschließen.

Nach meiner Idee gehören wenigstens 2 Jahre dazu, um dasjenige zur rechten Perfection zu bringen, wozu bisher der Grund gelegt worden. So lange möchte also, dem großen Gange der Sache wenigstens Stilleſtand gegeben werden; es sey denn, daß in mäßiger Anzahl jemand die Nützlichkeit des neuen Dorfs, oder die Nothwendigkeit der Häuslerſtellen nach zeitherigem Plan, recht außer Zweifel stellen könnte. Das nothwendigſte, und besonders das, was leicht zu Stande gebracht werden konnte, ist in der gehabten Periode wohl gemacht, aber von dem was mehr Mühe macht, was Zeit erfordert, ist manches zurück, dahin rechne ich vorzüglich die zu cultivirenden Brücher. Um nicht in den entgegengeſetzten Fehler zu verfallen, setze ich zum voraus, daß die Entbehrlichkeit des Holzes und der etwannigen Hütung in solchen Brüchern außer Zweifel gestellt sey. Diese Anlagen sind denn die allernützlichsten, alles reiner Gewinn fürs Ganze, sicher blühende Colonate! Aber sie erfordern vielmehr Zeit und Kosten, und eine ganz andere Art von Hülfleiſtung, auch eine andere Proportion in Absicht der Länderey, — sie sollten, mit Inbegriff der Koppelhutung der Gräserey, nicht unter 40 Morgen haben, um einer Familie rechte Beschäftigung mit der Viehzucht zu verschaffen. Auf Garten- und Ackernutzung ist hier eigentlich gar keine nützliche Rückſicht zu nehmen, und die vornehmſte Aussicht, ist Veredlung der Viehzucht. Es würde hierin noch manches möglich seyn;

freylich

freylich in solcher Menge und in solcher Geschwindigkeit kann es nicht geschehen, aber von desto größerm innern Werthe, und ohne höhere Hülfleistung, möchte wohl das meiste noch Jahrhunderte durch unentwickelt bleiben. Die Hülfleistung müßte, nach meinem Erachten, darin bestehen: daß die Crone, nachdem die Thunlichkeit und Nützlichkeit sachverständig erwogen worden, die Ablaſſungs- oder Vorfluthskosten, und etwan die Hälfte der baaren wirklichen Baukosten accordirte. Etwas allgemeines kann hier unmöglich vorher bestimmt werden, dadurch würde das wichtige und bessere just hinterstellig gemacht werden.

Colonien nach dem zeitherigen Plan, und Häuslerstellen, wünschte ich also nicht mehr angelegt zu sehen, als wenn ihre Nützlichkeit recht außer Zweifel gestellet worden. Die Zahl der freywilligen Arbeiter, der freyern Leute, der Vermischung, möchte schon ihr rechtes Verhältniß erreicht haben, es könnte ein mehreres denen alten Einwohnern zur Last werden, und denn gerade den entgegengesetzten Endzweck bewirken. Aber nun bleibt der weisen Landespolizey noch ein anderer Gegenstand der Bevölkerung übrig. Ich meyne die Vermehrung der Dresch- oder Hofegärtner. Dies ist unstreitig die nützlichste Classe des Landmannes in Schlesien. Die Ursach der wohlfeilen und sichern Bearbeitung der größern Landgüter, der schnellen Erndten, und kurz, des Vorzugs, welchen die schlesische Landwirthschaft im gewissen Sinn für allen mir bekannten voraus hat; mit den kleinern Mitteln größere Endzwecke zu erreichen, den

Producten einen mehrern Grad von Bearbeitung zu geben, — man erinnere sich der Flachsarbeit und ihres erstaunenden Einflusses, — ist gutentheils hierauf gegründet. Ist es wohl in einem andern Lande erhört, daß ein großes Gut seinen Flachs bis zum Spinnen zugerichtet, in großen Quantitäten verarbeitet erhalten, und denn viel leichter, und natürlich mit größerm Vortheil, verkaufen kann? Eine andere mir sehr auffallende Folge der innigen Verbindung der Wirthschaftsarbeiter mit der Wirthschaft, sind die ungemein fleißigen mit der Hand und mit vieler Ueberlegung gemachten Wasserfurchen. Eine Sache, die ich nie gefunden habe, und doch von großem Belange!

Damit mich auch derjenige versteht, der das Interieur der hiesigen Landwirthschaft nicht kennt; so will ich eine nähere Beschreibung machen, was unter einem Hofegärtner eigentlich zu verstehen sey. Es sind gewisse, meistens erbliche Stellen, bey einem adlichen oder andern größern Gute, welche gegen gewisse Sätze alle dahin gehörige Handarbeiten gemeinschaftlich verrichten müssen; sie haben dabey einen Garten (in Pommern eine Wurthe, in Niedersachsen einen Kamp), zum Eigenthum, gemeiniglich von 3 Morgen, den sie zum Getreide, Lein- und Küchengewächsen nutzen, und in ihren übrig bleibenden Stunden meistens mit der Hand, das heißt, zur vorzüglichen Fruchtbarkeit, bearbeiten. Ihre eigentlichsten Hofearbeiten geschehen gegen einen gewissen Antheil; das Abbringen des Getreides gemeiniglich um die 11te Gärbe, und das Ausdreschen um den 17ten

Scheffel,

Scheffel; das Besorgen der Wasserfurchen gegen eine kleine Erkenntlichkeit; das Säen, Bansen, Heumachen, Grabenmachen, und andere extraordinaire Arbeiten, gegen ein sehr mäßiges Lohn, alles von denen dazu bestimmten Stellen in Gemeinschaft. Wer nicht selbst arbeiten kann, stellt einen Vertreter. Man kann a priori den Effect begreifen, nähmlich, daß solchergestalt die Leute aus der Hofearbeit, aus dem Wohlstande des Hauptguts, ihre eigene Sache machen. Und das ist ein erstaunender, mir als Fremden sehr in die Sinne fallender Vortheil. Nur eine Folge davon. Ich brauche keinen ägyptischen Voigt, der meine Arbeiter antreibt, und gemeiniglich, indem er die Menschheit entehrt, doch nichts ausrichtet. Ich habe Leute, die meinen Wohlstand, landwirthschaftliche Verbesserungen, auf das beste befördern, — welch ein Unterschied gegen andere Gegenden! — und welche endlich, ungetreue Haushalter ganz sicher controlliren. Ueberdem ist ein Hofgärtner auch ein nützlicher Staatsbürger, er ist immer fleißig, immer beschäftiget, hat nicht Raum, liederlich und faul zu werden. — Ganz anders ist es mit dem Bauernstande. — Er hat sein ehrliches gemeiniglich gutes sicheres Auskommen, und trägt auch unmittelbar, nach seinem Verhältniß, reichlich zu den Staatslasten bey. Die Garbe und Hebe wird versteuert, und auch zur Cavallerieverpflegung gezogen.

Die Halberstädtschen und Magdeburgschen Landwirthe — (von unsern andern Provinzen kenne ich das Innere nicht genug), — könnten mir einwerfen: aber ist es für das Hauptgut nicht Verlust, mit der Garbe Fütterung und Dünger zu verliehren? Es macht etwas, aber die Vortheile sind sehr merklich größer. Wie viel Stroh behält nicht der dasige Landwirth übrig, welches er weder zu Futter noch guten Dünger, noch zum vortheilhaften Verkauf anwenden kann? Ist es nicht besser, solches seinen nützlichsten Unterthanen statt baaren Geldes zu geben? Der Dünger kehrt so meistens, und zwar viel kräftiger, zum Hauptgute zurück.

Hieraus wage ich zu folgern, daß es nunmehr in Schlesien die allernützlichste Art von Bevölkerung wäre, die Hofgärtnerstellen zu vermehren. Es ist dabey der Einfluß der Landespolizey in mehr als einem Sinn nöthig, Unterstützung, um damit vorwärts zu rücken, und Aufsicht, um es zweckmäßig zu machen. Mein Vorschlag wäre ungefähr der: vorher zu untersuchen, ob auch die beabsichtete Ansetzung der Gärtner nützlich sey, ob solche hinlängliche Arbeit und Nahrung, und zwar ohne unbilligen Eintrag der etwan vorhandenen Alten, finden würden? Ist dieses außer Zweifel, so ist die Sache werth, näher regulirt und befördert zu werden, es sind alsdenn die Bedingungen so einzurichten, daß zwar der beabsichtete Vortheil des Hauptguts befördert, der anzusetzenden Familie aber auch hinlängliche Subsistenz nachgewiesen wird. Ist es nur eine Vermehrung der Gärtner, so müssen die Neuen denen Alten genau gleich gesetzt werden, selbst auch die persönliche Unterthänigkeit nicht ausgenommen, sonst würde daraus Verwirrung entstehen. Sind es bey einem Gute lauter neue Gärt-

ner,

ner, so müßten die Bedingungen zwar möglichst denen gewöhnlichen alten gleich gemacht werden; die persönliche Unterthänigkeit könnte aber alsdenn allenfalls wegfallen. In Niederschlesien ist diese so weit gemildert, daß nur mehr der Nahme als der Effect übrig bleibt, und zwar da mehr aus eigner Convenienz als der Gesetze wegen. Gerichtsbarkeit, Dienstzwang und Laudemium, würde meistens hinlängliches Band seyn.

Alle solche Gärtnerstellen müßten erblich vergeben werden. Hier kann lediglich auf Eingebohrne Rücksicht genommen werden, denn Auswärtige kennen unsere Feldarbeit nicht, und würden sich schwer dieser Verfassung unterziehen. Zu jeder Stelle müßte ein Garten von 3 Morgen gegeben, das Haus, nach einem allgemein vorzuschreibenden Muster, mit einem Stall zu 2 Stück Vieh und einer kleinen Scheune, ordentlich gebauet werden. Statt der Aushütung und Gräserey, welche in den meisten Fällen zum Nachtheil der alten Unterthanen gereichen, auch die Wirthschafts-Einrichtung hindern könnte, sollte ihnen ein Morgen Klee in der Brache gegen eignen Samen gegeben werden. Endlich, so könnte hiermit überhaupt jene verbesserte Cultur durch den Kleebau bewirket werden, sie erfordert, wie wir am Beyspiele des Herrn Grafen von Borke sehen, mehrere eigentlich dazu eingerichtete Arbeiter. Um indessen nicht von falschen Hoffnungen getäuscht zu werden, sollte alsdenn die Feldordnung bald regulirt werden.

Auf diesem Wege würde, nach meiner Ueberzeugung, dem Lande überhaupt und der Landwirthschaft in Specie, ein erstaunender Vortheil zuwachsen können. — Die Häuslerstellen tragen zwar auch zu dergleichen Verbesserungen und denen dazu nöthigen Arbeitern das ihrige bey, aber zu entfernt, zu unsicher, — und ich hielte die Summen, zu Errichtung der Hofegärtnerstellen, für vortreflich angelegt. Auf eine solche Stelle könnten, nach der heutigen Proportion, wohl, wenigstens in Nieder-Schlesien, 200 Rthlr., und in Oberschlesien 150 Rthlr. accordirt werden.

Im Magdeburgschen und Halberstädtschen wäre eine gleichmäßige Einrichtung ein erstaunender Vortheil für die größern Landwirthschaften. Es würde schwerer halten, weil der gemeine Mann viel unbiegsamer ist, und sich nicht gern in neue Fugen paßt, auch kostbarer seyn. Der Acker ist daselbst schon viel höher im Werth, und deßhalb könnte man, — nähmlich in den besten Gegenden, — allenfalls nur auf 1 Morgen zum Garten bestehen bleiben. Die persönliche Unterthänigkeit fiele da von selbst weg, allein Dienstzwang wäre nothwendig, und die Einführung des Laudemii würde, gegen das trotzige Ausweichen, ein förderliches Mittel seyn. So schwer es da scheinen möchte, so ist es doch nichts unthunliches, und die Vortheile sind evident, daß Landes-Polizey und Landeigner sich Kosten und Mühe nicht verdrießen lassen sollten.

Zum nähern Verstehen führe ich an: daß die Tagelöhne geringe sind, gemeiniglich für einen Mann durch den Sommer 2 Sgl., $19\frac{1}{3}$ brandenburgische Pfennige, im Winter $\frac{1}{7}$ weniger, und dabey ist man sicher, daß die Arbeit fleißiger und prompter geschiehet, als bey denen freywilligen Tagelöhnern um doppelten Lohn. Der ersten Arbeiten sind gemeinschaftlich, das treibt zur Beendigung, sie zielen überdem meistens mittelbarer Weise zu ihrem eignen Vortheile ab. Die schlesischen Hofegärtner entrichten überdem einen mäßigen Grundzinß. Sie sind also von denen im Halberstädtschen, mit Recht meistens verachteten Dienstháusern, gar wesentlich unterschieden; diese werden nie Eigenthum, oder doch nicht nahrhaftes Eigenthum, und sind weder dem Grundherrn noch Staate nützlich.

In der Churmark haben Se. Majestät, nach dem Beyspiel unsrer Häuslerstellen, sogenannte Büdner ansetzen lassen, und auf jeden 190 Rthlr. bonificirt. Ich weiß nicht, in wie fern diese jenen Absichten entsprechen, kenne auch das Innere der dasigen Landwirthschaft nicht genau genug, um davon zu urtheilen. Es kann indessen seyn, daß eine Umformung, ganz nach schlesischem Muster, da auch mit Nutzen anwendbar seyn könnte. So viel sieht man indessen daraus, daß der Monarch, in der Absicht, überall thätig gewesen ist, und daß sich das Magdeburgsche und Halberstädtsche wohl eben auch einer solchen Hülfe getrösten dürfte, wenn man erst den nützlichen Gesichtspunct genommen hätte. Diesen kann niemand eher finden, als ein reisender Oeconom, und ich

ich habe es für Pflicht gehalten, diesen Vorschlag herzuwerfen.

§. 24. auf der 24ſten Seite, iſt die Erndte von 1777. bey der ſolchergeſtalt verbeſſerten Wirtſchaft von Stargordt aufgeführt, ſie iſt ſehr anſehnlich, und ein ſicherer Bürge für die weſentliche Melioration des Ackerbaues. Von 496½ Scheffel Ausſaat, Berliner Maaß, ſind 966⅔ Schock Rocken, alſo faſt 2 Schock vom Scheffel, geerndtet worden; von 84 Scheffel Ausſaat Gerſte, 164 Schock, mithin beynahe 2 Schock auf den Scheffel, und von 354 Scheffel Hafer, 386 Schock, alſo über 1 Schock vom Scheffel, eingeſchnitten worden, und zwar alles ſtark Gebund. Nimmt man hierzu, daß die Hälfte Stoppel-Rocken iſt, und daß der Ausdruſch von ſolchen Aeckern immer beträchtlich, und der Getreidewuchs rein iſt; ſo muß man den Gewinſt gewiß für anſehnlich halten, und es läßt ſich in der Winterung das 6te, in der Sommerung aber wenigſtens das 7te Korn vermuthen a). Für jene Gegend eine ſehr ergiebige Erndte; und dabey die ſichere Ausſicht, daß bey der länger währenden beſſern Cultur, der Ertrag noch merklich werde erhöhet werden b).

Schade

---

a) Gerſten das 8te. A. d. G. v. B.

b) Ich muß mich hier einer Anmerkung entſchütten, welche ich an keinem Orte anbringen konnte; es iſt mir auch nichts daran gelegen wo ſie ſtehet, wenn nur dadurch etwas Gutes geſtiftet wird. Die Einrichtung mit meiner Dreſche iſt folgende: die Dreſcher bekommen den 21ſten Scheffel, meine

Schade, daß der Herr Graf nicht beliebt hat, den ganzen heutigen Ertrag von Stargordt dem ehemahligen entge-

so werden gebänst, und nur die Ragge abgestoßen; der Drescher-Scheffel kann aber, mit allen ihren kleinen Intriguen, so hoch gebäufet werden, wie es nur möglich ist. Dieses ist ein Artikel, worauf viele Wirthe sehr raffinirt haben. 1. Einige lassen mit Hofedienste ausdreschen, um daß ganze ihrer Meynung nach zu behalten. 2. Andere messen mit einem 17 Metzen-Scheffel auf, um den Wirthschafter im Zaum zu halten, weil sie glauben, die 17te Metze müsse reine Wirthschaft führen. 3. Hauptsächlich in Vorpommern wird die Scheffelzahl mit den Preisen verglichen, und ist bald mehr bald weniger für die Drescher, je nachdem das Getreide viel oder wenig gilt. Letzten Artikel werde mit Stillschweigen übergehen, weil die Schäferey ein sehr beträchtlicher Punct daselbst ist, die Drescher meist Fremde sind, und folglich ein jeder seines Vortheil zu haben glaubt. Aber ad 1. sage ich, daß es immer von einer sehr bornirten Wirthschaft zeige, wenn man Hofedienste zum Dreschen übrig hat, zu geschweige, daß immer ein Aufseher gegenwärtig seyn muß, der über ein so rohes Volk beständig wachen muß. Wie nun, wenn an unterschiedenen Orten gedroschen wird? Es ist nicht daran zu zweifeln, daß es eine elende Verrichtung werden muß. Ad. 2 ist ganz gewiß, daß in einer regelmäßigen Wirthschaft es hauptsächlich auf viele Einwohner ankommen muß, je mehr Familien man nun mit Dreschen erhalten kann, desto mehr Menschen wird man bey andern Jahrszeiten zur Hand haben, welche hülfreiche Hand werden leisten können. Ein Oeconomie-Inspector, wenn er ein tüchtiger Mann ist, wird schon aufpassen, daß der Drescher gehörig ausdresche. Kann man ihn auch nicht der Vervortheilung gerichtlich überführen; so ist ein gegründeter Verdacht

entgegen zu stellen, allerwenigstens muß er indessen dreyfach seyn c).

§. 25. Auf der 25sten Seite, werden die Kosten der
Herelmühle näher, auf 160 Rthlr., und auf 700 Pfund
verschmiedetes Eisen angegeben. Der Herr geheime Fi-
nanzrath von Brenkenhof wird als Hülfleister genannt.
Man kann diesen Mann nicht nennen hören, ohne zugleich etwas nützliches zu vernehmen. Er hat gewiß die
seltene Gabe, aus einem öconomischen Gegenstande das
bestmöglichste, oder doch im hohen Grade, das Bessere
zu machen. Er hat die Kraft, recht wirksam zu seyn,
und wer bedenkt, daß eine Thathandlung hier mehr gilt,
als die gelehrtscheinensten Speculationen, die, ohne auf
Erfahrung gegründet, und stets von ihr geführt zu seyn,
irre leiten, oder doch nur höchstens zum Nachtträumen
dienen können, der wird es für einen Ruhm unserer Zeiten
schon hinlänglich, ihn von diesem Geschäfte auszustoßen, welches eine schwere Strafe ist, und wofür er lieber die größten
Peinigungen ausstehen würde. Was den 17 Metzen-Scheffel anbelangt, so approbire ihn auch nicht, denn das schmeckt
mir schon nach einer Capitulation mit meinen Bedienten,
als wenn man sagen wollte: mein lieber Freund, ich bitte
dich, bestiehl mich doch nicht! Auf welchen man sein Vertrauen setzet, der muß es auch ganz haben, so lange bis man
Ursache zum Mißtrauen gewahr wird, und kann mich rühmen, daß ich bey guten Jahren, allein im Rocken, nahe an
300 Scheffel Uebermaß gehabt habe, bey andern Getreide-
Arten à Proportion. A. d. G. v. B.

c) Ganz gewiß. A. d. G. v. B.

ten halten, ein solches Genie in Thätigkeit gesetzt zu haben.

Solche Genies sind so selten, und wohl noch seltener, als schöpferische Köpfe in andern Theilen der menschlichen Kenntnisse; das ergiebt die öconomische Geschichte der Völker, und schon ihr heutiger vor Augen liegender Zustand. Aber es giebt dennoch mehrere, als gebraucht oder vielmehr recht gebraucht werden; manches bleibt wohl unentwickelt oder unbenutzt. Ein Patriot muß wünschen, daß dergleichen Köpfe, die den wahren Verbesserungsgeist haben, das heißt, die unaufhaltsam oder mit gewissem Schritte weiter, bis zur Vollkommenheit gehen, nicht die, welche mit romantischen Sprüngen das Ziel erreichen wollen, und solches überhupfen, in allen Branchen hervorgesucht, ausgebildet, und in rechter Richtung möglichst benutzt werden möchten. Der öconomische Zustand einer Nation ist doch die sicherste Grundlage ihrer Blüthe, worin sie eigentlich erst die Genies anderer Gattungen gebrauchen und unterhalten kann. Es sollte also die Cultur damit angefangen werden. Was dies bey uns hindern möchte? — daß wider den Grundsatz, einem jeden, auch den kleinern Diener, seinen Theil von Selbstständigkeit zu geben, der doch so tief in der Natur des Menschen liegt, zu sehr verstoßen, und die gesunde Regel, Prätor der Größeren, soll nicht die kleinen Dinge besorgen, sondern nur übersehen, lenken, überschritten wird. Schlosser, ein aufkeimender treflicher Schriftsteller unseres Fachs, sagt davon: wo der Bediente nicht in seinem Kreis bis auf einen Grad

J   unab-

unabhängig ist, wird er unthätig, und das Studium unserer Natur giebt ihm Beyfall.

§. 26. Auf der 25. 26. und 27sten Seite, erzählt der Herr Graf die Verbesserung des Guts in Absicht der Gebäude und der angelegten Possessionen. Man kann das erstere, so kurz es auch ist, nicht übersehen, ohne zu lernen, und was den Artikel der Possessionen und der meist, um der verbesserten Wirthschaft willen, so ansehnlich vermehrten Bevölkerung betrifft; so werde ich besser unten noch Gelegenheit finden, desselben in seinem Zusammenhange zu gedenken.

§. 27. Es wird darauf des Gesindes gedacht, und es ist des eigentlichen Gesindes sehr wenig, gegen eine so große, so ordentliche, so prompt betriebene Wirthschaft. Es ist für jeden, für den Landwirth aber ganz besonders, ein wesentlicher Grundsatz, mit so wenigen Mitteln so viel zu wirken als möglich, der hier im hohen Grade erreicht zu seyn scheint.

§. 28. Auf der 29sten Seite ist nochmahlen von der Schäferey die Rede: es sey dieselbe immer schlechter geworden, und endlich 600 Herrnschafe um 300 Rthlr. verpachtet worden, — wahrscheinlich sind noch 200 Beyschafe, denn in einer vorhergehenden Note wird die Ausfutterung zu 800 Stück angegeben, — nun bringe sie diesen Nutzen, habe Bestand, und sey in Ordnung zu halten. Man sieht also, daß der meiste Fehler in der fehlerhaften Verfassung mit den Schäfern liegt. Die
Nutzung

Nutzung ist zwar jetzt ansehnlich genug, ob gleich gegen die schlesische in ähnlicher Gegend nur geringe, — nicht viel über die Hälfte; mithin nicht unwahrscheinlich, daß bey Wegräumung jener Hindernisse, bey guter Anwehre verbesserter Wolle, die Nutzung nicht noch um ein beträchtliches erhöhet, und denn der Mühe werth gefunden werden könne, auch die Stückzahl noch zu vermehren. Man sehe, was im 6ten Abschnitt schon vorgekommen ist.

§. 29. Auf der 29sten Seite beschließt der Herr Graf die Erzählung der gegenwärtigen Wirthschaftsverbesserungen damit: „daß es bis jetzt so weit gebracht sey, daß „aber noch vieles zu verbessern bliebe, zu vermuthen „sey, — man kann zusetzen, zu erwarten sey, — daß, da „der Acker beständig mehr und mehr mit Mergel und „Dünger aufgeholfen würde, der Ertrag des Gutes im„mer zunehmen müsse." Man vergleiche damit, was schon davon vorgekommen ist, und man sehe, daß die Koppelwirthschaft nicht auf ihren ersten Punct stehen bleibt, wie unsere jetzige Wirthschaft, sondern immer weiter führt d).

J 2 §. 30.

d) Ganz gewiß. 1777. wurden 84 Scheffel Gersten ausgesäet, dieses Jahr 1778. 150, im zukünftigen Jahre kömmt es noch höher, und Weitzen zu säen, damit kann man mit Zuversicht den Anfang machen, wenn man will. Ich bin aber kein Liebhaber von so sehr vielen Sorten von Körnern, eine jede Art will einen separaten Platz haben, oder es kömmt alles durch einander. Freylich muß ich in der Lage meines Guts mich damit beschäftigen, hätte ich aber eine Marktstadt

§. 30. Endlich führt der Herr Graf folgende Gründe zur Bekanntmachung dieser Beschreibung an: „Um „dem vernünftigen Einreden belehrend zu begegnen, „über boshafte und neidische aber durch den Sieg der „guten Sache Verachtung zu verbreiten." Sehr edel und sehr gerecht; denn wer sich nach solchen kleinen Geistern und heimtückischen Geschöpfen auf seiner Bahn nur umsehen wollte, geschweige ihre Angriffe mit Vertheidigung erwiedern, der wird seine Bahn nicht auslaufen. Es ist genug, wenn sie die Wahrheit haben, aus der sie sich belehren können, wenn sie sich je ermächtigen, über ihre Vorurtheile und Tücke zu siegen *).

Hier-

in meiner Gegend; so würde ich Weitzen zu Kuchen, Buch-Weitzen zu Grütze, und Erbsen zum Verspeisen kaufen, um mir den Raum, welcher mir sehr knapp ist, zu menagiren. Anmerk. d. G. v. B.

*) Ich befinde mich gegen den Herrn von Brocken beynahe in eben dem Fall, und da seine Gegenschrift in mehrerem Betracht ausschweifend seyn soll; so giebt er mir das Recht, sie nicht zu lesen, und sie, sammt den Verfasser, — zu verachten. Andernfalls hätte ich jetzt können verschiedenes aufschließen, warum meine Beurtheilung seiner Preisschrift überhaupt, und warum sie so erschienen? Ihm bin ich nun nichts mehr schuldig, aber meinen verbundenen Freunden etwas darüber zu sagen, halte ich mich verpflichtet. Der Herr von Brocken ist in meiner Beurtheilung ungefähr so gezüchtiget worden, als ein alter Weiser Knechte geräubt wissen wollte, um den freigebohrnen Kindern ihre Unarten zu verweisen. Ist das aber gerecht? Ja, er hatte sich schon lange als ein unartiger Knecht betragen, er bedurfte gezogen

Hiernächst räumt der Herr Graf das Vorurtheil weg, daß durch den Kleebau der Getreidebau vermindert würde;

zu werden, und dieses beweist er durch sein jetziges Betragen vollends jedermann, und, — meine eigentliche Zwecke habe ich über meine Erwartung erreicht. Wenn ich die letztern sagen könnte, so würde man die guten und nöthigen Beweggründe, zu der mir nicht eignen Heftigkeit und zu gewissen Behauptungen an diesem Orte und zu dieser Zeit einsehen.

Ich gedenke nur noch ein Wort, wie sehr ich eine Nebenabsicht durch meine Schrift erreicht habe, nähmlich, die schlesischen Forstbediente auf eine ihnen nützliche Lektüre zu leiten. Ich könnte dieses durch Raisonnements geringer Forst-Bedienten über das Cramersche Werk, — ein zu dieser Absicht unbezweifelt gutes Buch, — belegen, welche jedem Patrioten Freude verursachen würden.

Um mein Verhalten gegen den Herrn von Brocken nicht blos durch mich, sondern auch durch das Urtheil anderer rechtschaffenen Männer, Kenner des Falls, als billig zu beweisen, nehme ich mir die Freyheit, einige Zeilen aus einem Schreiben des Herrn Oberforstmeisters von Zanthier, an den Herrn Kriegs= und Forstrath von Röckeriz, hieher zu setzen.

„Des Herrn von Brockens Gegenschrift habe ich gele-
„sen, und finde an dem Manne wieder, was man beständig
„an seinen Schriften gefunden, — er macht überdem den
„groben Lästigmacher, und er hat es schon eine Zeit so weit
„gebracht, daß er das Privilegium dazu, wie der Hund
„zum Bellen, erworben zu haben scheint; wie könnte sonst
„die hannöverische Regierung, sein eigner Herr, und —
„sein impertinentes Geschreibe vertragen? Dieß ist Vertheidi

be; einmahl ist es gar nicht nöthig, gerade das allerbeste Land dazu zu nehmen, sondern ein Mittelboden genüget. Dieser wird durch den Kleebau so verbessert, daß er fähig wird, Gerste hervor zu bringen, — man erinnere sich zurück, was hier unter Gerstland und Mittelboden zu verstehen ist, und man wird sehen, daß auf dem letztern, ohne ein solches Verbesserungsmittel, keine Gerste gebauet werden kann, — ich kann zusetzen, daß, wenn er in so wenig Jahren dazu umgeschaffen werden kann, nur noch eine mäßige Zeitfolge dazu gehören wird, ihn zum Weizentragen fähig zu machen, — und in 5 Jahren liefert er, außer vier Kleeschnitten, zwey Gerstenerndten, und eine Rocken= oder Hafererndte; im Grunde, wenn man das reichlichere nur etwas mit anschlägt, den Klee nicht mit gerechnet, also mehr, als bey der alten Art der Feldbestellung in drey Felder. Der Herr Graf versichert,

„gung genug für unsern — Herr von Wedel, für Sie mein
„Freund! für mich und andere ehrliche Leute, die er sogar
„besudelt, wenn sie auch, seiner eignen Angabe nach, seine
„vertrauten Freunde waren, wie er es mit dem seligen Herrn
„Cramer macht, und aus seinem Buche, aus lauter ver-
„traulicher Bekanntschaft, ein ungereimtes Ding machen
„will, und sein Andenken auf eine schwarze Art verunehrt. —
„Sein Grundsatz ist: niemand verstehe die Forstwissenschaft
„wie er, und wer nicht seiner Meinung sey, wisse nichts.
„Wer kann sich aber, aus Furcht gegen seine Anfälle, seiner
„irrigen Meynung unterlegen? Was nun mit ihm anzufan-
„gen sey? — Mit solch einem sich abzugeben, ist das was
„er sucht, und dadurch denkt er Ehre zu haben." — Man
überlasse ihn also seiner bösen irrigen Laune; wer uns kennet
und ihn, wird die Wahrheit ohne Wegweiser finden.

chert, daß die Erndte in einer Koppel einer in einer Wurthe übersteigen würde e). Eine Wurthe ist, was man in Schlesien einen Garten, in Niedersachsen einen Kamp nennet, doch mit dem Unterschied, daß selbige in Pommern meist zu Kraut oder weißen Kohl und dergleichen dienen, und folglich von der ersten Güte und besten Cultur sind. Hiernach messe man das Reichlichere.

Endlich ist die Einführung der Kleekoppelwirthschaft nicht so schwer und kostbar, als sie manche halten; gegen den Nutzen und Erfolg ist der Aufwand vielmehr geringe. Derjenige, der nichts hat, kann ihn freylich nicht machen, der kann aber auch die Wirthschaft nach dem alten Fuß nicht gehörig fortführen. Der Kleesaame darf nur die ersten beyden Jahre gekauft, hernach kann nicht nur der eigene Bedarf, sondern auch zum Verkauf gewonnen werden. Das Pfund wird zu 6 Ggr. bezahlt, und auf einen Scheffel Gerste 5 Pfund gerechnet, Berliner Gewicht und Maaß zu verstehen. Man wird fast dasselbige Verhältniß auch hier in Schlesien ausgeübt finden.

„Der junge Klee soll nicht abgehütet werden, — ist „auch meiner Erfahrung gemäß, — der Flachsbau soll „höchstens nur Anfangs dabey verlieren," — in Pommern eine fast gleichgültige Sache, da er noch nicht res Commercii geworden, und in Schlesien wird derselbe,

wie

---

e) Das Wort Wurth ist in der 27sten Note erkläret. Anmerk. d. G. v. B.

wie man aus dem Urtheile des Herrn von Korkwitz unten hören soll, gewinnen. „Das Abhüten des Klees „soll den Schafen nicht nützlich seyn," — kann seyn, unsern nicht; f) in England werden indessen viele damit gepflegt, besonders Hammel, ja gar Schweine gemästet, und es ist also wahrscheinlich, daß sich auch unsere Schafe zu diesem starken Futter gewöhnen würden. Doch sind dies freylich alles Sachen, wozu wir heute noch nicht schreiten können, sondern unsern weiter gekommenen Nachkommen überlassen müssen. „Die Pferde- „Knechte sollen vom grünen und trockenen Klee zurück „gehalten werden," — wohl nicht, weil er für schädlich, sondern zu wichtigern Zwecken für nöthig gehalten wird. Ich habe durch drey Jahre die Erfahrung gemacht, daß er den Pferden nicht schädlich, vielmehr mit großem Vortheil zu geben ist. Er muß indessen nicht zu jung, nicht feucht, und frisch abgeschnitten seyn. Bey starken Reit- und Wagenpferden kann er durch 2½ bis 3 Monath

f) Sollte der junge, auch ältere Clever, wenn er grün ist, nicht den Mutterschafen ein gar zu geiles Futter seyn? Dem Rindvieh ist es tödtlich, wie ich davon ein Exempel bey einem meiner Pächter in Pomellen gesehen habe, daß 3 der besten Hackochsen auf den Clever todt blieben. Bey einer Stallfutterung muß sehr behutsam damit umgegangen werden. Alle Bücher stehen voll von aufgeschwollenem Vieh, so mit Messerstichen curiret werden sollen. Wahrlich eine desperate Cur, und der zu vergleichen, wie eine Musquetenkugel einen Soldaten ein Geschwür in der Lunge so glücklich öffnete, daß er von der Schwindsucht genäß. Anmerk. d. H. v. B.

nach wenigstens das halbe, und bey kleinern obgleich Arbeitspferden, das ganze harte Futter ersparen. Sie verlieren nichts an Kräften und Munterkeit, so bald die erste Zeit, wo sie dünne misten, vorüber ist; es scheint vielmehr ihrer Gesundheit recht zuträglich zu seyn. Auf ein Pferd, um es $2\frac{1}{2}$ bis 3 Monath auszuhalten, braucht man höchstens $\frac{1}{4}$ Morgen Magdeburgl. Das Kleeheu ist den Pferden ebenfalls ein gutes kräftiges Futter, nur neben volles Getreidefutter zu stark. Zugpferde mit mäßiger Arbeit vom Mittelschlage, können allein sehr gut dabey ausgehalten werden.

„Bey der Koppeleinrichtung ist die Verhegung nothwendig," eine lebendige Hecke, vorzüglich vom Weißdorn mit kleinen Gräben, ist wohl die beste. Man wird sich nun hieraus einen Begriff machen können, warum bey den Engländern ein eingeheckter Acker weit höher am Werth gehalten wird, als ein freyliegender, und warum ihre Wirthschaftsverbesserungen damit anfangen; sie gehen in ihren Zwecken wohl weiter, und gebrauchen es zur Fetthütung mit Ersparung der Hirten. Viele wissen sich vom Nutzen keinen Begriff zu machen, und halten es für Ueberfluß. Es wären für uns Polizeygesetze darin nöthig, die diejenigen schützten, die so etwas unternehmen wollten; sie könnten mit den Gemeinheitsaufhebungs-Gesetzen in Verbindung gebracht werden.

Auf der 31sten Seite wirft der Herr Graf den Pommern, das Zäunen meist ohne Zweck zu kennen, vor. Die Märker thun eben das, und desto eher werden sie zu dem rechten Zweck zu leiten seyn. Bey den Schlesiern noch mehr, aber bey den Niedersachsen wird dies viel schwerer seyn. Bey den Magdeburgern und Halberstädtern ist so ein angeerbtes Vorurtheil gegen alles Baum- und Buschwerk, Gräben und Steine in den Feldern. Daher zum Theil der schlechte Fortgang der Straßenbepflanzung. Ihr meistes Vorurtheil dagegen kömmt daraus, daß man glaubt, die Sperlinge machen es sich zur Gelegenheit, von daher merklichen Schaden zuzufügen. Das könnte seyn, daß sie diese Bequemlichkeit vorzögen, so lange sie sie nur einzeln finden; es werden aber deßhalb nicht mehr Sperlinge, und wenn die Einzäunungen erst allgemeiner seyn würden, so würde das alte Verhältniß wieder da seyn.

„Nach der letztern Abernte im 3ten Jahre wird der „Klee behütet, und vor Winters zur künftigen Gersten- „Saat gestürzt g). Der Saame wird vom 2ten „Schnitt

g) Ich habe behauptet, daß der Cleverbau den Acker verbesserte, und dieses ist eine durch Erfahrung bewiesene Wahrheit. Hiermit möchte nun noch wohl nicht ein jeder zufrieden seyn, sondern ich muß mich wider meinen Willen in Muthmaßungen einlassen. Es ist wahrscheinlich, daß die Clever-Pflanze dem Acker keine Kraft entziehe, weil sie tiefe Wurzeln hat, und folglich ihre Nahrung von unten ziehet, ich rechne also die zwey Jahre, daß der Clever steht, für zwey Brachen; sie treibet starke und fette Wurzeln, welche, wenn sie beym Umackern in die Fäulniß gerathen, dasselbe effectuiren, was die Engländer mit unterpflügen ihrer Rüben intendiren. Ich muß mich also sehr wundern, wenn ein Wirth in einer öco-

„Schnitt geerndtet." Ersteres zeigt uns, daß auch die Behütung in Absicht des Viehes bey uns nicht bedenklich ist, und in Ansehung des Saamens gedenke ich, daß der erste Wuchs hier vorgezogen wird; [h] er giebt vollkommenern und mehreren Saamen, und man kann auch vom ersten Schnitt am ersten etwas erübrigen.

Auf der 31sten Seite wird nochmahlen bestätiget, was man bey der Tabelle von der Koppelbestellung schon hat entnehmen können, nähmlich: daß, wenn alle Jahr eine neue Koppel angelegt wird, die Wirthschaft bey der 5ten im vollkommenen Stande sey.

§. 31. Auf der 32sten Seite ist die Rede, daß die Bevölkerung durch Einführung dieser Art von Wirthschaft unmittelbar vermehrt wird. Der Herr Graf fügt hinzu, daß die von Sr. Majestät der dasigen Provinz zu ganz

nomischen Nachricht sich etwas darauf zu gute thut, daß er von einem umgeackerten Cleverstück die Wurzeln nicht allein vertilget, sondern wegschaffen kann. Ob ich nun zwar dieses nicht so beweisen kann, daß gar kein Scrupel übrig bliebe, so ist doch auch niemand im Stande mir das Gegentheil so klar zu machen, daß nichts dagegen einzuwenden wäre. Man traue also seinen Einsichten nicht gar zu viel zu, und verlasse sich mehr auf die Erfahrung. Die Schöpfung läßt sich nicht in die Karte schauen, und vom Neuton bis zum dicken Menschenverstand, werden wir immer Kinder bleiben, ob schon ersterer deutlicher gelallet hat. A. d. S. v. B.

h) Hier will der erste nicht gut gerathen. A. d. S. v. B.

ganz neuen Etablissements bewilligte Meliorationsgelder, zu solchen Verbesserungen schon vorhandener guten Wirthschaften, reichlichere und sichere Früchte würden gebracht haben. Er bewährt dieses durch die Vermehrung der Menschen, des Viehes, — es ist hinzu zu setzen, anderer wirthschaftlichen Producte von Stargordt, in Gegeneinanderhaltung desjenigen, was durch die Meliorationsgelder sonst in der Provinz verbessert und an beyden vermehrt worden ist. Er hält endlich, — mit Recht, — diese Bevölkerung für sicherer; jeder hat seine Nahrung und muß sie treiben, da können nicht liederliche Wirthe und Diebe entstehen, wie sich oft in ganz neuen Dörfern — einschleichen und erzeugen, zuweilen in je größerm Maaß, als es ihnen bequem gemacht, viel gegeben und wenig verlangt, oder vielmehr keine recht angelegentliche Aufsicht darüber gehalten, und Interesse daran genommen wird.

Die dazu gehörige 29ste Anmerkung bestätigt aber auch, daß diese Art von Bevölkerung nicht ohne besonderes Zuthun der Landeigenen oder des Adels möglich ist. Dies ist freylich nicht von allen, sondern nur von denenjenigen recht und gut zu erwarten, die die große Wahrheit haben einsehen lernen, daß eine starke Population ein Land erst glücklich und schätzbar macht, daß aber dieses nur von fleißigen, hinlänglich freyen und ernährten Menschen zu verstehen ist; daß, wenn das Ganze auf solche Art glücklich gemacht wird, jeder Theil davon sicher seine Proportion erhält, in viel reicherem und sicherem Maaß, als der Eigennützige dadurch dem Vortheil vor-

vorgreifen will, daß er, wenn er ja Leute ansetzt, es so einrichtet, daß sie kaum bestehen, oder doch nicht wohlhabend werden, — Eigenthum gewinnen, mithin eine Nahrung mit Ernst treiben können, folglich zum Besten des Ganzen keinen wahren Beytrag leisten. Allein, soll diese Wahrheit allgemeiner werden, und sichere Früchte bringen; so müßte eigentlicher Patriotismuseifer am Vaterlande verständig Theil zu nehmen, — angefacht seyn und Nahrung bekommen. Das läßt sich so geschwind nicht erbauen, mithin müßten diese Arten von Verbesserungen unter ganz genauer doch weiser und billiger Aufsicht der Landespolizey unternommen werden.

Es wird überdem diese Art von Landesverbesserung und Bevölkerung bey uns, aus seinen Ursachen, niemahlen zu einem allgemeinen Schwunge gelangen, wenn die Regierung mit Belohnungen, Zuschüssen und Befreyungen nicht zutritt.

Ich glaube aber, daß wir dieses bey einer so thätigen, freygebigen Regierung erwarten können, da dieser Weg durch des Herrn Grafen von Borke Beyspiel als thunlich bewiesen, ja als vorzüglich bewährt worden ist. Freylich müßte die Ausführung in die Hände des besten einsichtsvollsten Mannes gegeben werden, der die Particular- und allgemeinen Vorurtheile solcher Verbesserungen abzuwägen vermag, und thätig seyn kann, ohne die Sache zu übereilen.

Wir wollen noch einen Blick darauf thun, was durch diese Verbesserung von Stargordt an Menschen gewonnen ist. Man vergleiche die 11te und die 27ste Seite des Herrn Grafens Beschreibung, und man wird finden, daß fast zweymahl mehr Menschen angesetzt sind, und das kleine Dorf 170 Seelen mehr erhalten, als es in seiner größten Blüthe gehabt hat [i]). Hierzu denke man, daß

[i]) Vor 10 Jahren starben mit 40 Kinder und junge Leute an den Pocken und Masern. Dies ist wieder dieses Jahr 1778. sehr eingerissen, doch ist es bey der Hälfte geblieben. Da nun diese recrutiret sind, und noch das Plus von 170 Seelen bleibt; so hätte, wenn der Abgang nicht gewesen wäre, schon Emigration geschehen, oder eine Colonie versetzt werden müssen. Daß die Menschen wie Kinder und nicht wie Erwachsene an das Tageslicht kommen, ist eine Wohlthat der gütigen Vorsehung, denn ein Krieg, wie der vorige, würde alles weggerafft haben; nun aber bleiben noch die Kinder zur Bevölkerung übrig, und in 12 bis 15 Jahren würde nichts mehr zu spühren gewesen seyn, wenn ein jeder dazu hätte beytragen können. Dieses sey zu denen gesprochen, welchen eine Population, die von so weiter hergenommen ist, zu langweilig zu seyn dünket. In meinen von zehn Jahren her nach und nach angebaueten Häusern, sind schon 60 Kinder gebohren, Nahrung giebt Kinder. Nun muß ich bey dieser Gelegenheit noch eine Reflection machen. Wenn die Einimpfung der Pocken unträglich, und nicht unter die Moderneten gehören möchte, die einige Jahre mit der größten Wuth geführet, nachgehends verflucht und verbothen wurden, wie öfters geschehen; so wäre die Fundation publiker Kranken-Häuser, worin die Operation durch landesherrliches Zwang geschehen könnte, wohl allen andern vorzuziehen, denn daß Eltern in diesem Fall disponiren sollen, scheint mir zu ver-

daß jeder seine Bestimmung und Nahrung hat, und folglich die ganze Bevölkerung in allen Individuis nützlich ist, und man wird über den Erfolg erstaunen. Man könnte freylich dagegen einwerfen, daß eine solche Verbesserung zwar an ganz einzelnen Orten wohl angehe, aber nicht allgemein, weil der Fortgang der Vermehrung des Menschengeschlechts sehr langsam sey. — Ich habe schon zum voraus gesetzt, daß dieses Geschäfte nicht übereilt, sondern vielmehr in rechtem Verhältniß betrieben werden soll, und es ist doch außer Zweifel, dem, der mit der Classe der Geringen bekannt ist, daß die Vermehrung ungemein durch solche Mittel — man erinnere sich der 29sten Anmerkung des Herrn Grafen, — befördert werden kann; dem Menschen nur Nahrung gegeben, und in der Ferne einen Antheil Freyheit und Eigenthum gewiesen! — Wollte man aber nicht gehen, wenn man nicht fliegen kann? Einen Antheil Freyheit und Eigenthum halte ich indessen zu einer glücklichen und stärkern Bevölkerung unentbehrlich. Um nicht mißverstanden zu werden, so will ich mich näher darüber erklären. Manche — Lehrer und Handelnde in der größern Haushaltungskunst, — wollen alles, was der Unterthänigkeit

wegen zu seyn. Allein, ist der so stolze Mensch nicht in einer besondern Lage? Die nützlichsten Wissenschaften, nächst der Feldwirthschaft, ich meyne die Rechtsgelahrtheit und die Medicin, sind auf einen so ungewissen Grund gebauet, daß sie ihm nicht eine ruhige Stunde lassen, wenn er der Sache recht nachdenken wolle. Die einzige Wissenschaft, die zu einem Grad der Vollkommenheit gebracht ist, ist noch die Kunst, die Menschen zu vertilgen. A. d. S. v. B.

nigkeit, oder auch nur der Abscription an eine Herrschaft nahe kömmt, ja, wohl allen Hofedienst abgeschafft, auf einmahl abgeschafft wissen.

Diese haben über die Societätsgeschichte der Menschen nicht reflectirt und wollen etwas auf einmahl, das heckt, gewaltsam abthun, was sich in weiser Hand nach und nach von selbst mildert. In wenig bevölkerten Ländern ist jenes sogar nothwendig. Ohne gezwungene Spann= und Handdienste würden die großen Wirthschaften unbetrieben bleiben. Das Maaß sollte indessen billig, und so seyn, daß dem Unterthan nicht nur Subsistenz, sondern auch Möglichkeit übrig bleibt, etwas zu erwerben, und allenfalls sich damit mehr Befreyung zu erarbeiten. Auf der andern Seite sollten solche Verbindlichkeiten im Dienste aber auch so eingerichtet werden, daß neue, bessere Einrichtung und Cultur nicht dadurch beschränkt werden könnte. So wie nun Bevölkerung, Wohlhabenheit und bessere Cultur zunimmt; so werden auch Dienste immer schädlicher für das Gemeine, und entbehrlicher für das particulare Beste. Es kann einer weisen Oberaufsicht alsdenn nicht schwer, noch weniger mißlich und gefährlich werden, nach dieser Abstückung, Eigenthum und Freyheit des geringen Landmannes zunehmen zu lassen, das würde es aber seyn, wenn dergleichen auf einmahl geschehen sollte. Man könnte denenjenigen, die so ganz dagegen eingenommen sind, entgegen stellen: England sey doch, landwirthschaftlich betrachtet, das angebauteste, bevölkertste, glücklichste Land, das wir kennen, und doch sey darin das so verhaßte

haßte alte System, daß nur die Großen Landeigner sind, — wenige Marktflecken ausgenommen, in denen aber die Cultur just noch zurück ist, — und daß der eigentliche Cultivateur nur Tagelöhner ohne liegendes Eigenthum sey. Sie könnten allenfalls, — wenigstens vor der Hand noch, — dagegen stellen, daß der ächte Patriotismus im großen Landeigner, ja sogar in seinen Pächtern und die Bevölkerung, durch die vielen Auswege zur Anwendung und Erwerb so stark sey, daß dieser Fehler der Einrichtung überwunden würde. Könnte aber das nicht auch bey uns erweckt werden und wachsen, und jene seynsollende Unvollkommenheiten verbessern? Auf die Art wäre also der Streit nicht ausgemacht. Ich glaube, wir können indessen jenes Mittel von beyden am ersten erwarten.

§. 32. Zur fernern Ursache der Bekanntmachung giebt der Herr Graf an: „daß es sehr nützlich wäre, alle „Wirthschaften, sie möchten seyn wie sie wollten, zu be„tailliren," — „der Leser kann den Nutzen haben, das „Gute nachzuahmen, das Schlimme zu vermeiden." — Richtig und vortreflich! Möchte es nur mehr treue und verständige Nachfolger geben! — Der Herr Graf bezieht sich auf den Arthur Young, er findet darin vortrefliche und sehr schlechte Wirthschaften beschrieben, und doch alle unterrichtend. Von den erstern sagt er: „man „möchte sich aus Ehrfurcht auf die Knie werfen," — und ich möchte dich, treflicher Greis! Ehre meines Vaterlandes! knieend verehren, daß du so trefliche Thaten gethan hast, und daß du die Treflichkeit dieses Schriftſtellers erkenneſt, welcher, ſelbſt von denen es Stand und Beruf erforderte, nur ſelten im rechten Standpunct betrachtet, geſchweige verſtanden und benutzt wird. Dieſes Nichterkennen leitet mich dahin, einen Erleichterungsweg vorzuſchlagen.

Wer Muße und Muth hat, — beydes iſt nothwendig erforderlich, — Youngs ſämmtliche öconomiſche Reiſen zu leſen und zu nutzen, der nehme ſich das zum Standpunct, daß die engländiſche Landwirthſchaft einen ganz andern Hauptzweck hat als die unſrige, nähmlich, Viehzucht und Viehmaſt, und wir den Getreidebau. Einige ihrer Politiker haben zuweilen gefürchtet, daß die Viehzucht, ꝛc. die dazu gemachte Grasländerey, ꝛc. zu weit gehen würde. Dieſe Furcht iſt aber wohl nicht gegründet. Einmahl läßt ſich jenes nicht vermehren, ohne den Getreidebau in der Ausbeute zu verbeſſern. — Man ſehe die klare Wirkung, da England, das ſo volkreiche Land, ohnerachtet ſeiner vielen Grasländereyen, noch mehr Getreide ausführen kann, als wir, die wir unſer Schlachtvieh, ja noch Butter und Häute, und die meiſten Pferde kaufen, und, nach Verhältniß der Bevölkerung, wenigſtens doppelt ſo viel Fläche zum Getreidebau haben. — Zum andern, ſo begränzet ſich jenes von ſelbſt, ſo bald mehr Vieh, Fleiſch ꝛc. vorhanden iſt, als man bedarf.

Wir fehlen aber gewiß an der andern Seite, wenn wir nur Getreide erzeugen wollen, Viehzucht ſehr nothdürftig treiben, und Viehmaſt ganz verabſäumen. Daher

her kommt es, daß der größte Theil unserer Getreideländer uns wohl noch nicht das 4te Korn giebt. Eine armselige Aussicht! und wir haben am Ende weder Getreide noch Vieh, wissen auch wohl nicht, was mit dem erstern als Handlungsproduct eigentlich zu beginnen sey. Ein Mittelding würde also für uns sehr selig seyn, und dazu kann man viel nutzbares aus dem Young und aus der engländischen Landwirthschaft überhaupt nehmen. Behielte es aber nicht auch Werth, wenn man es blos als Culturgeschichte eines benachbarten weit gekommenen Volks nähme? Man habe indessen Geduld, sich alle die Beschreibungen gefallen zu lassen, die Young von unsäglichen Arten einzelner Culturen und ganzen Wirthschaftssystemen macht. Man wird unter jenem Gesichtspuncte gewiß vieles finden, was sich auf unsern Fall anwenden läßt, und endlich, so folge man ihm bis ans Ende, wo er aus dem allen Resultate und Schlüsse zieht. Wer hier nicht den treflichen Oeconomen, ja den tiefen Politiker und scharf sehenden Philosophen findet, der hat über die menschliche Gesellschaft, ihr Wesen und ihr Wachsen, wohl noch nie nachgedacht. Freylich haben wir, was das letztere anbetrifft, kürzere mechanische Wege, zu manchen abstracten Wahrheiten zu gelangen, die die engländische Verfassung nicht gewährt; aber darum bleibt es immer vortreflich in seiner Art und an seinem Orte, dem Denker werth, willkommen, und auch nicht ohne unmittelbaren Nutzen.

So handelte und so dachte ein Pächter, — was können wir ihm von der ersten Classe unserer Mitbürger,

K 2 den

den größern Landeigenern, entgegen stellen? Ein Beweiß, daß ächter Patriotismus bey uns noch nicht angefacht, auch Oeconomie im weitern, und Staatswissenschaft im gemeinnützigen Sinn, bey uns noch nicht zu Hause sind.

Ich schließe dieses mit der Anmerkung, daß die Besorgnisse, die sich zuweilen mir äußern, als ob durch solche Bekanntmachungen andern die Augen geöffnet, und jenen Abbruch zugefügt würde, sehr ungegründet, und nur durch beschränkte Einsichten genährt sind. Wir wissen zum Beyspiel durch dieses und andere gute Bücher den öconomischen und politischen Zustand von England sehr genau. Trägt das etwas zu seinem Nachtheile bey, oder wird es im Ganzen jemahlen etwas dazu beytragen? Das wird niemand behaupten können. Und was hat die Nation wirklich dadurch gewonnen? Man reflectire nur über den erstaunenden Fortgang der Gemeinheitsaufhebung in ihrem rechten Sinn und Anwendung.

Diese haben nicht Gesetze, sondern einige freywillige Beyspiele und Aufklärung des Landmanns, bewirkt. Ihre diesfälsige Gesetze sind lange nachher gegeben, als schon vieles in diesem Geschäft geschehen war, und sie sind überdem schlechter, unvollständiger, als die unsrigen *).

Sollte

―――――
*) Ein fruchtbarer Text, dem, der mit Muße und Zeit darüber predigen könnte!

Sollte nun an der geringen Anwendung, die sie noch bey uns finden, die Unwissenheit des Landmannes nicht einen wesentlichen Antheil haben? So sind wirthschaftliche Nachrichten, ꝛc. immer der Nation, wovon sie gewonnen worden, am ersten zum Besten; jedes Land, ja auch jede Bevölkerung hat ihre Eigenheiten, die sich von andern gar nicht erreichen, bey sich nicht vermeiden lassen. Diese werden zu allen Zeiten das wechselseitige Commerz der Nation unterhalten, wenn auch jede das ihrige auf das beste excolirt. Ja, es wird in dem Maße immer zunehmen *).

K 3 Daß

*) Sonach ist es uns Verlust und Unehre, keine genaue öconomische Nachrichten und Reisen zu haben. Wenn dies ein Wißbegieriger nicht selbst unternehmen kann, — und das können sehr wenige, — so bleibt ihm sein Vaterland, ja wohl seine Vaterprovinz unbekannt, und er außer Stande, sich zum recht nützlichen Bürger und zu der Stelle oder Lücke, die er ausfüllen könnte, recht passend zu machen. Ein Vorurtheil, was dagegen steht, ist die Meynung, daß in Monarchien dergleichen nicht nöthig, auch wohl nicht zu dulden und zu erwarten sey; und doch ist dieses ein sehr falsches Urtheil. Die wahre Freyheit und der wahre Patriotismus, muß so gut in Monarchien als Republiken vorhanden seyn können, und wirklich vorhanden seyn, wenn es wohl um sie stehen soll. Der Bürger muß mitwirken, und dazu sind dies die besten Mittel. Man sehe hierinnen Rußlands Beyspiel, es hat selbst auswärtige Gelehrte berufen, seine Provinzen zu bereisen, es hat die gemeinnützigen Nachrichten davon allen Unterthanen, ja der ganzen Welt, — und selbst Nachbarn, nicht ohne Nutzen — mitgetheilt. Wird es da-

Daß man gewisse Sachen für sich behält, die nicht zu den Eigenheiten gehören, oder andern eben so leicht eigen und uns entzogen werden könnten, ist eine Sache für

bey verliehren? Es wird sicher dabey gewinnen, und hat schon unendlich gewonnen. Man nehme zum Beyspiel aus dem Pallas ihre Progressen im Bergbau und Hüttenwesen, ich will nur bey den Eisenhütten stehen bleiben, weil diese unser Schlesien am nächsten angehen, und sehe, welche Riesen-Schritte sie in kurzer Zeit gemacht haben; wer hat sie hier den rechten Punct zu treffen gelehrt? Waren es nicht öconomisch Reisende, noch dazu meistens Deutsche, die sich gern bey uns beschäftigt hätten, gaben wir ihnen Nahrung ihres Triebes und Unterhalt? Wahrer Verlust für uns, und wahrer Gewinst für Rußland! Wir kennen jetzt zum Beyspiel das uraltsche Gebürge genauer als das schlesische, nach seiner mineralogischen und natürlichen Beschaffenheit, das ist uns ohne Entschuldigung Schande und Verlust.

Man vergleiche ihre Eisenhütten mit den unsrigen, jene sind ganz vollkommen, und von den unsrigen haben kaum einige den ersten Schritt über die allererste Einfalt gethan, und unsere existiren drey bis viermahl so lange, als sie das erste noch nicht hatten. In Siberien trifft man Forsteinrichtungen zu den Hüttenwerken an, die hier noch so höchst nöthig, es längst gewesen wären, — als unmöglich angesehen werden, wenn sie zum Vortrage kommen. Ist dieser Fortgang nicht den guten Wegweisern beyzumessen, und dem, daß man ihren Rath zu ehren auf das thätigste in Vollzug zu setzen wußte? Es kam freylich die Selbstständigkeit des rußischen Provinzial-Gouvernements, gutes wirken zu können, zu statten; welches im 25sten Abschnitt schon defectirt worden ist.

für sich, und thut dem rechten Endzwecke auch keinen Abbruch.

Daß diejenige Politik, die nur allein glücklich seyn und alle andere bevortheilen will, unstreitig die falsche sey, läßt sich aus Theorie und Geschichte entnehmen. Wer je darüber unbefangen reflectirt hat, dem wird irgend ein Theil der großen Haushaltung Gottes offenbar geworden seyn, — es sey auch nur das kleinste Segment, so wird es doch Grund genug, auf den großen Creiß zu schließen. — Sie will, daß alle Völker verbunden seyn, jedes dem andern seine Eigenheiten mittheilen, und zu seiner Blüthe beytragen soll. So lange diese Wahrheit unter den Völkern verkannt wird, ist der mögliche Grad ihres Wohlstandes nicht zu erwarten, so wenig wie der eines Volks, so lange ihn dessen Glieder noch verkennen.

Man sehe darüber das auch noch nicht recht allgemein genug erkannte Buch des guten Iselins: die Träume eines Menschenfreundes. — Viel mehr als Träume, eine metaphysische Cameralwissenschaft, gründlich hinaus geführt bis zu Gefilden, wo reiche Erndten bey deren weiterer Cultur zu erhalten stünden, wenn sich auch gegen die Lieblingsidee, der unmittelbaren Beziehung der Abgaben, bey der Ausübung manche Schwierigkeiten erheben möchten.

Wären wir weit genug gekommen, die Staatsöconomie als eine Wissenschaft zu betrachten und zu studiren,

ren, — wie sie doch die wichtigste ist, und ein großes Studium bedarf; — so würde ich die Träume eines Menschenfreundes zum Lehrbuche wünschen. So lange sie aber nur durch Ausübung begriffen, — sie wird aber meistens nicht begriffen und brouillirt, — und nicht durch Studium vorbereitet werden soll; so wird es nur von denen, die eigener Trieb dahin vermag, benützet werden können.

Die Chineser rangiren ihre Staatsbediente so, daß die denkenden die erste, die ausübenden oder handelnden die zweyte, und die schreibenden die dritte Classe ausmachen. Die meisten Europäer machen vor der Hand von den erstern noch gar keinen würdigen Gebrauch, und lociren die zweyten unter die letztern, legen mithin auch diese lahm. Jenes ist gewiß die Rangordnung der Wahrheit, und so lange es bey uns gerade gegenseitig bleibt, ist an ein nützliches Studium der Staatsöconomie und an die rechte Blüthe wohl nicht zu denken.

§. 33. Zur 4ten Ursach der Bekanntmachung giebt der Herr Graf an, daß er hiermit seinen Nachkommen ein öconomisches Testament machen wolle. — Sehr schön und sehr nöthig! denn der Menschen Leben ist gemeiniglich zu kurz, um einen Plan ganz auszuführen, und es ist darum nöthig, daß der Nachkomme da anhebe zu wirken, wo jener unterbrochen wurde, es ist also eine wahre Vorsorge, den Faden nachzuweisen.

§. 34.

§. 34. Die letzte Ursach ist die Vertheidigung gegen die Zweifler und ihre Ueberführung, wozu der Herr Graf die Einrichtung zu Stargordt zur sichtbaren Ueberzeugung darbietet.

Das Beyspiel ist der sicherste und für den größten Theil der Landwirthe der einzige Lehrer, — man ermesse auch aus diesem Gesichtspuncte das Verdienst des Herrn Grafen, — denn die Oeconomen, die über den Zusammenhang ihres Thuns nachdenken, und, wenn sie Gründe finden anders zu handeln, anders handeln, oder, wie es der Herr Graf ausdrückt, welche schöpferische Ideen haben, — weiter will ich den Begriff nicht einmahl ausdehnen, — sind ungemein einzeln.

§. 35. Endlich schließt der Herr Verfasser mit einer Entschuldigung, daß er die Zierlichkeit der Worte verabsäumt, und seine Aufmerksamkeit nur auf die Sachen gerichtet habe. — Wer diese Entschuldigung braucht, der weiß nicht Schaale vom Kern zu unterscheiden, kennt nicht kernichten Ausdruck.

Der Herr Graf hat seine Tage, die er den unmittelbaren Staatssorgen nicht mehr zu widmen hatte, angewandt, wie Cincinnatus und Cato die ihrigen, durch Thathandlung und ihre Darlegung, seinen Mitbürgern die richtigste Wissenschaft, — so sehr bey uns versäumt, — den guten Landbau zu lehren. Es werde ihm nicht nur der Lohn dafür, der alle gute Thaten begleitet, das Bewußtseyn, sie gethan und ausgeführt zu haben, sondern

sondern er möge noch die selige Folge sehen, daß sich verständige und dankbare Nachahmer finden, welche ihm im Geiste eine ganz bessere Nachfolge erblicken lassen!

Iselin erklärt solche Verbesserungen unsers Erdwinkels für einen Dienst, wozu Gott die freyen Bürger seines Staats auffordert. Zoroaster hielt es für Tugend. — Es ist gewiß, — wir zweifeln nicht, daß Menschenliebe — die wirkt hierin am allerstärksten, — ein ganz wesentlicher Theil der Religion ist. Der Herr Graf darf also die innere Genugthuung und Vergeltung von höherer Art gewiß erwarten.

Die verständige und dankbare Nachfolge wird und sollte zunächst von Pommern kommen; aber auch wir in Schlesien können und sollten folgen. Der Herr Graf schreibt zwar über diesen Gegenstand an den Herrn Kriegsrath von Klöber, unsern gemeinschaftlichen Freund: „Ich unternehme eine sehr kühne That, eine „pommersche Wirthschaftsbeschreibung nach Schlesien zu „senden, fast so, als wenn man Eulen nach Athen brin„gen wollte, — aber den Scherz bey Seite gesetzt, so „ist doch etwas darin, was in seiner Art brauchbar, und „ob zwar eigentlich nur für hiesige Gegend, bey gerin„gem und Mittelboden von Nutzen ist, dennoch auch in „Schlesien hin und wieder Anwendung finden kann. Es „sind wohl nicht alle Güter Schmalzgruben und mit „reichlichem Graswuchs versehen, und die das nicht „sind, die werden hier ein bewährtes Recept für ihr „Uebel finden." — Allerdings sind unsere Wirthschaften

ten von Natur nicht alle in jener glückseligen Verfassung, vielmehr ist die große Hälfte in der Lage, daß sie hiervon eine nützliche, ihnen hochnöthige Anwendung machen können, und vielleicht giebt es keine, welche gar nichts davon nutzen könnte.

Es wird allerdings nur selten schlechthin nachgemacht werden können, sondern es muß darnach geformt werden, was unser hiesiges Wirthschaftssystem und unsere abgehenden wirthschaftlichen Zwecke erfordern. In Schlesien ist so für den größern Landmann, als für das gemeine Beste, die Schafzucht wichtiger als die Rindviehnutzung, und der Flachsbau ein vorzüglich wesentlicher Theil der Ackernutzung. Die Rindviehzucht muß also nicht auf Unkosten des Schafstandes vergrößert und verbessert werden, und der Flachsbau darf darunter unter den Kleebau nicht leiden. Unsere meisten Schäfereyen, wie auch der übrige Viehstand, subsistiren nur vom beraseten Brachfelde, und hiernächst von der liegenbleibenden Stoppel; die Brache macht sonach fast den ganzen 3ten Theil des Ackerbaues aus. Von der Brach-Weide müssen aber auch zugleich Kühe, Zugvieh und Schweine leben. Nun kann man den ersteren Antheil zum Kleebau widmen, ohne die Schäfereyen zu verkürzen, und man wird damit nicht nur Feld genug haben, seinen zeitherigen Viehstand besser im Stall zu ernähren, sich mehr Milch, Dünger ꝛc. zu verschaffen, sondern man wird ihn noch merklich vermehren können, und vom ersten Schnitt noch übrig haben, besseres Winterfutter zu gewinnen. Durch einen solchen Kleebau leidet auch der

Flachs-

Flachsbau nicht, vielmehr wird er in manchem Betracht gewinnen.

Es wird in Schlesien schon hin und wieder Klee gebauet, ob aber ganz nach Plan, kann ich nicht behaupten, da meine landwirthschaftliche Bekanntschaft so genau nicht ist. Ein Beyspiel ist mir indessen bekannt geworden, welches einen Grad der Vollständigkeit hat, und an diesem Orte belehrend erscheinen wird. Es ist die eingeführte Kleewirthschaft des Herrn Landraths von Korkwitz, zu Jahnsdorf im Briegschen. Ich darf von diesem meinem Freunde Nachsicht hoffen, wenn ich ihn hier mit seinen eigenen Worten, so weit es hergehört, reden lasse, indem er nur noch neuerlich die Güte gehabt hat, mir dasjenige selbst zu beschreiben, was ich bey meiner Anwesenheit wahrzunehmen nicht Muße genug fand.

„Ich mache es mir zur angenehmen Pflicht, auf
„Euer ꝛc. Nachfragen über meinen Kleebau die verlang-
„te Auskunft zu geben; ich muß aber bevor warten, daß
„die Vermischung mit den Bauerfeldern und die daher
„rührende Gemeinheit in der Hutung, mich zu meinem
„Mißvergnügen hindert, einen gewissen Etat, nach
„Maßgabe meiner Aussaat, durch alle drey Felder zu
„machen. Dies kann ich in meiner heutigen Lage nicht,
„sonst würde ich diese Cultur zu meinem großen Vor-
„theile viel höher treiben können; es steht auch die Ge-
„meinheit nicht füglich zu heben. Ich breche also zu
„meinem Kleebau etwas von der Rauchfuttersaat in der
„Brache nöthigenfalls ab, und finde den Kleebau un-
„gleich

„gleich vortheilhafter, als die Erbsen und Wickensaat.
„Da ich nun, der leidigen Gemeinheit wegen, keinen
„festen nach dem Ganzen geformten Etat machen kann;
„so kann ich die begehrte Beschreibung meines so gestal-
„teten Wirthschaftssystems eigentlich nicht machen, son-
„dern ich werde statt dessen, eine Beschreibung meines
„Kleebaues pro 1775 liefern, welche zeigen wird, wie
„weit ich es in meiner beschränkten Lage bringen können."

„Ueber Winter und Sommer säen meine Felder zu-
„sammen 500 Scheffel, doch sind sie nicht ganz gleich.
„Im Jahr 1776. hatte ich im Sommerfelde 245 Schef-
„fel und 2 Metzen ausgesäet, da aber etwas Erbsen und
„Wicken mit darunter, worunter mehr Boden zur Saat
„erfordert wird, so kann es wenigstens auf 250 Scheffel*)
„Sommergetreide Aussaat angenommen werden. Von
„dieser Aussaat sind 25 Scheffel mit Gerste, (etwas da-
„von mit Hafer und Gemenge,) zugleich mit Klee be-
„säet worden, und zwar ist der Kleesame im letztern Eg-
„gestrich nachgesäet worden, nachdem sie hinlänglich klar
„dazu gemacht waren. Es sind 48 Säcke voll Spreu-
„Klee (ein Sack wird fast 2 Berliner Scheffel machen,)
„darauf gesäet, und mit leichten Eggen vollends einge-
„egget worden. Ich machte gleich, bey der ersten Saat
„von 7¼ Scheffel, theils Gerste theils Hafer, die An-
„merkung, daß die darunter genommenen 20 Säcke voll
„Spreuklee viel zu dick geworfen waren. Ich ließ da-
„her,

---

*) Ein breslauischer Scheffel besäet nach dasiger Landesart un-
gefähr 200 Quadratruthen rheinländisch.

„her, des Widerspruchs der Saatleute ohngeachtet, das
„folgende Stück von 11¾ Scheffel Aussaat, in Absicht
„des Klees, um die Hälfte dünner besäen; es wurden
„daher nur 16 Säcke voll darauf gebraucht. Der Er-
„folg hat gewiesen, daß auf diesem Stücke der Klee eben
„so schön, als auf jenem, — da doch der Acker von glei-
„cher Güte und in gleichem Dünger war, — zur heu-
„rigen Abnutzung gewesen ist. Es litte auch der Hafer
„und Gerste auf jenem mit Klee zu dick besaeten Stücke
„Schaden, und erstickte vieles. Ueberhaupt nahmen
„viel Mäuse ihr Winterquartier im Klee, verdünnten
„ihn zwar, aber verursachten keinen eigentlichen Ab-
„gang. Solchergestalt hatte ich in diesem Frühjah-
„re 1777. den 10ten Theil der Dominialbrache mit fri-
„schem Klee. Und als eine Reserve hatte ich von 5
„Scheffel Aussaat im Winterfelde überstehen lassen.
„Von diesem sind 24 Stück milchende Kühe bis Ende
„Julii, ein volles Vierteljahr, völlig im Stall unter-
„halten und sehr reichlich gefuttert worden. Ueberdem
„ein Stier und 3 Zugochsen, welche letztere den Kühen
„den Klee angefahren, und davon unterhalten sind. Fer-
„ner 16. Stück Geldevieh Mittags und auf die Nacht
„mit vorgelegtem Klee mäßig versehen worden, wenn
„solches von der Weide gekommen, ebenfalls bis Aus-
„gang Julii."

„Demnächst sind 6 Wochen lang 21 Pferde und 6
„Fohlen, bey halben gewöhnlichen hartem Futter, mit
„Klee unterhalten worden; und endlich 6 Kühe von En-
„de Julii bis Ende August mit voller Stallfutterung."

„Von

„Von dem schon zu alt werdenden und zu faulen an-
„fangenden Klee, habe ich überdem 3 sehr große Fuder
„Heu, für die Ackerpferde, auf dem Schwade abtrock-
„nen lassen. Durch das Herumwerfen des abzutrock-
„nenden Klees, gehen die meisten Blätter und Samen-
„köpfe verlohren, welches nicht geschiehet, wenn die
„Schwaden nur gewandt werden k). Zu Samen habe
„ich 12 Schock tüchtige Gebund eingeerndtet."

„Den Samenklee lasse ich bey kaltem trockenem Win-
„terwetter ausdreschen, und den Schafen das Stroh
„reichen, welches, wenn es recht gut abgetrocknet ist,
„ein vortrefliches Futter für die Schafe abgiebt *)."

„Den

k) Ich kann mich recht grämen, wenn ich immer hören muß, daß man über den Verlust der getrockneten Kleeblätter weh-klaget. Man betrachte nur eine Kleepflanze, wie viel Blät-ter hat sie denn? Wenn nun solche trocken sind, so findet sich von 100 Fuder Cleeverheu 1 Scheffel Schnupftoback, sollte auch dieser in der Scheune zusammen gekehret werden kön-nen, so wird es doch gewiß keinen Vortheil bringen, und des-sen Verlust nicht zu bedauren seyn. Stängel und Blüthen machen den Wirth reich, und ist mir niemahls geschehen, daß ich die Köpfe verlohren hätte; vielleicht ist die Ursache, weil man den Clever zu trocken werden, und ihn nicht, wenn er noch schmeidig ist, in kleine Haufen setzet und schwitzen läßt. Hier kann es nur jedoch mit wenigen Blüthen gesche-hen, wenn sich der Clever gelagert hat, und Köpfe abge-hauen werden. A. d. S. v. B.

*) Auf dem Halm getrockneter und grün zu Heu gemachter Klee, macht allerdings einen Unterschied, da der letztere ungleich

„Den 14ten August habe mit Umbrachung derjeni-
„gen Kleeäcker, die zur Winterſaat beſtimmt waren,
„den Anfang gemacht, nach abgewarteter Moderung
„des Ackers ſolchen rühren, die Wurzeln mit beſonders
„ſtarken Eggen tüchtig heraus eggen, und alsdenn mit
„dem kräftigen Dünger von der Stallfutterung, mei-
„ſtens aber mit dazu aufbehaltenem Schafdünger, zu
„Weitzen befahren laſſen. Um meine Stallfutterung in-
„deſſen ſo ſpät als möglich fortzuſetzen, und beym Miß-
„rathen des jungen Klees einen Rückhalt zu haben, ha-
„be ich indeſſen nur 25 Scheffel umgeriſſen, und 5
„Scheffel im diesjährigen Winterfelde wieder überſtehen
„laſſen. So iſt mein Kleebau dermahlen bey dem Zwan-
„ge der Gemeinheit beſchaffen, und nach eben dem Maß
„vermag ich ihn nur fortzuſetzen. Er könnte viel weiter
„pouſſirt werden, dennoch iſt er meinem Gute ſchon in
„dieſer Art eine große Verbeſſerung."

„Es bleibt mir noch übrig, einige allgemeine An-
„merkungen über den Kleebau zu machen. Alle Klee-
„Saat muß an windſtillen Tagen bey trockener Witte-
„rung, auf ſehr wohl zugerichtetes in 2ter Düngertracht
„befindliches, nicht zu naß und ſchweres, oder ſonſt zu
„ſcharfes Land geſchehen. Ich ziehe den Klee in der
„Spreu

fetter und ſtärker iſt. Ob es nun gleich wahrſcheinlich iſt,
daß auch dieſer den Schaten dienen werde; ſo habe ich es
doch ohne einländiſches Beyſpiel nicht geradeweg behaupten
wollen.

„Spreu dem rein gemachten Samen vor *); die grobe
„Spreu muß indessen abgesondert seyn, und wenn der
„Same

*) Ich habe dasselbige erfahren, und die Ersparung der Mühe ist überdem ein beträchtlicher Vortheil. Wenn der Saat-Clever braune Köpfe hat, so wird er gemäht, in Haufen gesetzt, und wenn er darinnen geschwitzet und trocken geworden, eingefahren, und hoch auf Stangen über den Scheunen-Flur getüsset; wenn die strengste Winterkälte ist, abgedroschen, daß die Hülsen abgehen. Diese müssen erst in ein enges Sieb gethan werden, damit der Unkrautsame heraus falle, nachhero in Säcke gethan; wenn es eine große Menge ist, in einen Backofen, wenn er nicht mehr zu heiß ist, gesetzt, und 24 Stunden darin stehen gelassen; ist es aber nur eine mittelmäßige Quantität, so können die Säcke oben in die Volksstube angehangen werden, und einige Tage daselbst verbleiben, bis die Hülsen recht risch werden, denn werden sie brav gedroschen und gesiebet, und trifft es sich, daß ein starker Wind durch die Scheune geht, so verfliegt der Staub, und der Same fällt fast ganz rein auf die Tenne, sonsten wird er in kleinen Mulden wie die Grütze, geschwungen und rein gemacht. Zwey Mädchens können eine ganze Menge bereiten. Der Nutzen ist davon folgender: 1) Beym Aufbehalten ziehen gerne Hülsen Feuchtigkeiten an, 2) Reiner Same läßt sich proportionirlicher und egaler säen, und man braucht dabey keine Windstille abzuwarten. Eine Anzahl von Säcken ist auch sehr indeterminirt, und man kann der Sache leicht zu viel oder zu wenig thun. Hier weiß man die Scheffelzahl und die Pfunde so darauf gehen müssen, geschweige, wenn man auch Samen verkaufen will. Ich bitte den Herrn Landrath von Korkwiz um Vergebung; obiges soll keine Contradiction seyn, sondern nur eine andere Me-

L

„Same mit den Hülsen in einen Sack, der 2½ Elle lang
„ist, eingedruckt worden; so ist so viel auf einen Schef-
„fel Gerstenaussaat in milden Boden hinlänglich. In
„weniger gutem Lande würde etwan der 4te Theil zuzu-
„geben seyn; denn um des Getreides willen, welches
„zugleich gesäet wird, ist eine dickere Aussaat zu ver-
„meiden."

„Auf Land aber, wo der Klee allein ohne Getreide
„gesäet werden soll, könnte solcher allenfalls noch ein-
„mahl so dick gesäet werden, denn je dicker der Klee ste-
„het, desto fruchtbarer macht er den Boden für das
„nachfolgende Getreide.

„Der völlig rein gemachte Same hat zwar den An-
„schein, daß er gleicher gesäet werden könne, es ist aber
„nicht; der Spreuklee wird mit voller Hand, und der
„letztere mit 3 Fingern gesäet, marquirt sich überdem
„nicht gegen den Boden, und die Erfahrung hat mich
„belehret, daß so immer eher gefehlt und schlecht gesäet
„worden ist."

„Ganz thode, und bleibt einem Dritten die Wahl frey eine zu erwählen. Es hat auch derselbe desto weniger von mir solches zu besorgen, da ich schon bekanter Weise eine große Zuneigung zu ihm empfinde, weil er ein eifriger Beförderer des nicht genug anzurühmenden Cleverbaues ist. Ich wünsche viele Nachfolger; sollte es auch nur vors erste im Kleinen seyn, denn die Sache hat solchen Reiz, daß, wer sich nur damit abgiebt, sich gewiß dafür affectioniren wird. Anmerk. d. G. v. B.

„Ganz rein gemachter Same würde indessen, auf 1
„Scheffel Gerstenaussaat in recht fruchtbaren Boden,
„4 schlesische Quart, auf weniger fruchtbares Land, 5
„Quart erforderlich seyn. Beydes versteht sich, wenn
„Getreide mit gesäet wird. Ohne dasselbe, besonders
„wenn er den ersten Sommer schon Nutzen geben soll,
„kann die Saat bis zu einer breslauischen Metze oder 7
„Quart vermehrt werden. Soll indessen weder der ge-
„genwärtige noch kommende Getreidebau unter dem
„Kleebau nicht leiden, so muß er nicht zu dick aber auch
„nicht zu dünne gesäet werden. Die dünne Saat wür-
„de den Acker verrasen und von Luft und Sonne zu sehr
„ausdörren lassen; er würde schlecht und wohl nur erst
„spät umgebrachet werden können, und die Erfahrung
„hat es mir gegeben, daß die Erndte immer besser ge-
„wesen ist, je dicker der Klee gestanden hatte. Der
„recht proportionirte Kleebau ist also schon an und für
„sich eine Ackerverbesserung; was gewinnt aber nicht
„der Getreidebau bey der so beträchtlichen Düngerver-
„mehrung?"

„Nach dem Verhältniß des beym Dominio Johns-
„dorf getriebenen Kleebaues, ist der zehnte Theil des
„Brachhütungs- oder ruhenden Feldes, überdem noch
„5 Scheffel Aussaat vom Winterfelde, also zusammen
„30 Scheffel Aussaat dazu bestimmt; dazu sind 24 Kü-
„he und 4 Ochsen durch ein Vierteljahr völlig im Stalle
„gefuttert worden, überdem ist noch so viel anderes
„Vieh, wo nicht völlig, doch zum Theil davon ernährt;
„hierzu gerechnet ein beträchtliches, welches zu Samen
„und

„und zu Heu abgedörret worden, daß man annehmen
„kann, daß von einem Scheffel Gerstenaussaat mit Klee,
„2 Kühe im Stall durch 3 Monath, wenn anders die
„Witterung favorisirt, ausgehalten werden können.
„Wird nun dieses 10tel des Hutungsfeldes in der soge-
„nannten Hegeweide gewählt; so verliert die Schaftrift
„nicht das mindeste, weil dasselbe solche erst im Nach-
„trieb bekömmt, wenn das Zugvieh die Hegeweide ab-
„gefressen hat. Vielmehr gewinnt dieselbe, denn es wer-
„den, ausser dem Zugvieh, die Kühe damit ernährt,
„welche das übrige Hutungsfeld mit den Schafen abge-
„weidet und zertreten haben würden. Ein anderer Vor-
„theil, den die Schafe von der Hegeweide hatten, nem-
„lich: gegen die Erndte in der dürftigsten Zeit neue Nah-
„rung zu erhalten, kann leicht dadurch ersetzt werden,
„wenn von dem freyen Hutungsfelde, welches sich nun
„gegen den Schafstand ansehnlich vergrößert hat, ein
„Theil bis dahin sorgfältig eingehegt, und von Johannis
„an erst den Schafen eingegeben würde. Freylich müs-
„sen dergleichen Wirthschaftsverbesserungen durch Ge-
„meinheiten oder hergebrachte schädliche Gewohnheiten
„nicht behindert werden."

„Ich stehe noch unter dem Joch derselben, und denn
„verliert allerdings die Schaftrift, denn die Bauern
„säen nach Verhältniß der Dominial-Kleestücke so viel
„Rauchfutter. Dieses trägt nichts zur Aushaltung ihres
„Viehstandes bey; es bleibt vielmehr den Schafen auf
„den übrigen $\frac{9}{10}$tel zur Last, und diese verlieren noch den
„Nachtrieb, wenn das $\frac{1}{10}$tel der Bauern nur Hegebrach-
„gewe

„gewesen wäre. Sind die Jahre nicht fruchtbar, so
„macht schon die Vermengung einen wirklichen Abgang
„für die Schäferey. In Ansehung der Winterfutte-
„rung aber muß der Schafstand durch den Kleebau all-
„gemein gewinnen, da derselbe ein beträchtliches Quan-
„tum Kleestroh vom Samen, und einen größern An-
„theil vom ordinairen Heu bekommen kann. Ich setze
„bey dem erstern voraus, daß solches wohl aufgebracht
„worden. Das aus grünem Klee gemachte Heu habe
„ich den Pferden sehr zuträglich gefunden; diese können
„dagegen von ihrem Antheil am ordinairen abgeben.
„Durch den Kleebau muß also der Schafstand, beson-
„ders bey einem nicht mit Gemeinheit belasteten Gute,
„ansehnlich, sowohl mittelbar als unmittelbar, gewin-
„nen, wenn anders eine rechte Disposition gemacht
„wird."

„Der Kleesame wird am besten erhalten, wenn der
„hierzu bestimmte Fleck im Frühjahr keinesweges abge-
„graset wird, sondern bis zur Reife stehen bleibt. Wenn
„dessen Köpfe meistens braun und die Blüthe vorbey,
„(man kann wohl nicht alle Köpfe abwarten,) so wird
„solcher abgemähet. Man muß trockene Witterung da-
„zu wählen, und ihn im Schwade vollends abdörren.
„Ist solches völlig geschehen, so wird er in Strohseile
„gebunden, und um die ausfallenden Körner nicht zu
„verlieren, auf einen Boden verwahrt. Trockener
„Frost ist die bequemste Zeit ihn auszudreschen. Wer
„den Samen aus der Spreu rein haben will, kömmt
„am geschwindesten dazu, wenn der Klee mit sammt der
„Spreu

„Spreu in Säcke gethan, und in einer eingeheitzten
„Stube auf Stangen gelegt wird. Die Säcke müssen
„umgewendet, und solchergestalt der Same wohl abge-
„dörret werden; alsdenn wird solcher nochmahls bey
„trockener kalter Witterung auf die Tenne geschüttet,
„tüchtig gedroschen, mit Schaufeln wie Hirse geworfen,
„und das noch zurückbleibende ausgesiebt, oder mit der
„kleinen Sprcu zum eigenen säen aufgehoben. Vom
„erstern Dreschen versteht sich, daß solches mit aufge-
„bundenen Seilen geschiehet. Soll der Same mit der
„Spreu bleiben, so wird solcher am besten auf einen
„trockenen Boden erhalten, der reine aber in halb vol-
„len aufgehängten Säcken."

„Die Beurbarung des Kleelandes zur künftigen
„Wintersaat hängt zum Theil von der Witterung ab.
„In einem guten Jahre, wo es weder zu naß noch zu
„dürre ist, könnte mit der Umbrachung bis in die Mitte
„des Augusts gewartet werden; in einem nassen Jahre
„muß wohl nothwendig im Anfange desselben diese Ar-
„beit vorgenommen werden. Doch ist dazu, wo mög-
„lich, trockenes Wetter und Sonnenschein zu wählen.
„Derjenige Kleeacker, den man zur späten Futterung
„bis in der 2ten Hälfte des Augusts, und noch später
„hinaus, liegen lassen will, ist besser zur Sommersaat,
„besonders zur Gerste bestimmt. Eine Hauptregel bleibt:
„solchen Acker nicht eher über Winter zu bestellen, als
„bis durch das Rühren und Eggen bey trockener Witte-
„rung alle Kleewurzeln hinlänglich getödtet sind."

„In

„In solchergestalt zubereitetem Kleelande wird hinter
„Klee auch der Flachs unfehlbar gut anschlagen, wo an„ders nur die Natur des Bodens dazu geartet ist. Ich
„selbst habe davon zwar noch keinen Versuch gemacht;
„wohl aber habe ich im October etwas Kleeland, zu ei„ner Probe auf kommendes Frühjahr, beurbaren lassen.
„Je dicker der Klee auf einem solchen Lande gestanden,
„desto besser sollte der Erfolg am Flachs werden."

„Ob auch etwas Klee ins Winterfeld überstehen müs„se, entledigt sich zum Theil schon aus dem Vorherge„henden. Es kömmt auf die Freyheit, mit seinem
„Felde nach Wunsch schalten zu können, zuerst an, und
„denn bleibt eine mäßige Reserve vom alten Klee auf dem
„Fall rathsam, wenn der neue nicht ganz gerathen sollte;
„findet man dessen Anschein im Herbst noch gut, so
„braucht man auch diesen kleinen Theil des Getreidelan„des nicht aufzuopfern, sondern man kann ihn zu Som„merfrucht, besonders zu Gerste, bestimmen. Bey
„schlechtem Anschein des jungen Klees wird man etwas
„alten behalten müssen, um die eingerichtete Stallfutte„rung fortsetzen zu können. Allein wie gut belohnt sich
„ein so kleiner Abgang der Aussaat durch reichlichere
„Erndte?"

„Es ist mir begegnet, daß ich wegen überhäufter
„Mäuse in dem jungen Klee, bey sonst gutem Anschein,
„mehr alten habe müssen überstehen lassen, und erst im
„Frühjahre seine Entbehrlichkeit eingesehen habe; ich
„habe aber auch dabey nichts verlohren, sondern trefli-

„ches Hafergemenge darin erzeugen können. Ueberdem
„suche ich, dem Getreidebau seinen Abgang durch um-
„wechselnde Benutzung eines Theils der Wiesen wieder
„zu ersetzen."

„Kalte unfruchtbare Frühjahre sind dem jungen
„Klee schädlich, dem alten viel weniger, und in dieser
„Rücksicht ist etwas Reserve sehr rathsam, um an der
„ersten Frühjahrsfutterung keinen Mangel zu haben."

„Vom Taschenberger Kleebau ist mir so viel be-
„kannt, daß reiner Same, so wie der Säemann mit
„drey Fingern greift, ausgesäet wird. Es werden über-
„haupt nur 6 bis 7 Scheffel Aussaat dazu bestimmt.
„Hiervon werden 10 Stück milchende Kühe im Stall
„gefuttert, so lange der Klee dauert, alsdenn wird es
„mit in die Stoppel getrieben. Nächstdem bekommen
„auch die Zugochsen und Pferde alle Mittage ein Futter
„davon. Der Futterklee wird, wie auch hier in Johns-
„dorf geschiehet, im Frühjahre, so bald er nur tauglich,
„angegriffen, damit noch eine gute und zwey Mittel-
„Erndten davon erhalten werden können. So bald
„die letzte Erndte vorbey, so ist auch schon der Anfang
„des Herbstes vorhanden, alsdenn wird der Fleck dem
„Schäfer eingegeben*), um ihn wohl auszuhüten; dar-
„auf wird der Acker ordentlich geackert, und bleibt zur
„Fäulung

---

*) Dies läßt wenigstens hoffen, daß er auch als Weide den
Schafen nicht schädlich, sondern vielmehr zuträglich seyn
müsse.

„Fäulung bis nach der Wintersaat liegen, denn wird
„solcher gerührt und gut eingeegget, daß alle Kleewur-
„zeln heraus kommen, und in Beete gearbeitet; über
„Winter aber niemahlen gesäet, sondern das kommende
„Frühjahr mit Gerste, welche jederzeit vortreflich gera-
„then soll. — Nun wünsche ich, daß ich Euer ꝛc. Fra-
„gen und Erwartungen genügt haben möge, und ꝛc.

Ich füge zur Erklärung dieses instructiven Schrei-
bens bey: daß Johnsdorf in einer hohen Ebene liegt,
meistens aus weißlichem Lehm mit Kießmischung besteht,
in der Tiefe Kieß oder groben Sand, überdem wenig Wiesen, und außer der Brache keine Hütungsplätze
hat. Es ist also nicht der beste, ob wohl ein tragbarer
Boden, und überhaupt die Lage so, daß ohne Kleebau
auf keinen blühenden Rindviehstand, auch nicht auf starke Erndte, Rechnung zu machen wäre. Durch die Industrie des würdigen Herrn Besitzers ist beydes zuwege
gebracht, und ein Gut important und blühend gemacht
worden, welches vormahlen seine Besitzer kaum unterhalten können.

Taschenberg liegt nicht weit davon, dessen verstorbe-
ner Besitzer der Herr Major von Radicke war, mir auch
als ein verständiger und thätiger Landwirth bekannt geworden, der sich mit dem Kleebau beschäftigte, und mir
diesen als das beste Mittel, dieses vormahlen auch schlechte Gut zu seiner gegenwärtigen Blüthe zu verhelfen,
rühmte. Es hat indessen eine viel glücklichere Lage als
Johnsdorf, viel Wiesewachs, und in einem Eichwalde
ohne

ohne Unterholz, am Neißstrohm, eine sonst nicht zu nutzende schöne Rindviehhutung; mithin war der Kleebau im größern nicht so erforderlich. Es mag indessen zum Beyspiel dienen, daß auch die von der Natur besonders begünstigten Güter, nützliche Gebräuche davon machen können.

Diese inländischen Beyspiele bewährter treflicher Landwirthe, werden hoffentlich alle Vorurtheile des Fremden für uns unthunlichen mehr und mehr aus dem Wege räumen, den Gesichtspunct angeben, worin der Kleebau nach dem schlesischen Wirthschaftssystem betrachtet werden muß, und verständige thätige Wirthe, besonders in den minder glücklichen Gegenden, zur Nachfolge reizen.

Aber man sehe auch zugleich, wie die Gemeinheiten oder Vermischung der Felder diesem guten Zwecke entgegen streben! Hier sollten Polizeygesetze zu Hülfe treten, die den klügern Unternehmenden schützten, ohne jedoch die andern zu drücken, welche vielmehr den Haufen, den uneinsichtigen gemeinen Landmann, auf eine gute Art dahin leiteten und vermöchten. Man sollte nicht bloß die größern Vollkommenheiten der Gemeinheits-Auseinandersetzung erstreben wollen, sondern, da diese öfters zu großen, zuweilen gar nicht zu habenden Schwierigkeiten ausgesetzt sind, sich mit dem Bestthunlichsten begnügen *). Mir sind ausser Johnsdorf Fälle bekannt gewor-

---

*) Es ist dies im Halberstädtschen und Magdeburgischen um so mehr der Fall, als daselbst der Landbau schon mehr heraus

geworden, daß das Gemeinheits-Auseinanderſetzungsgeſchäft, um ſolcher Schwierigkeiten willen, die im Grunde

ſtudirt, die Ländereyen in mehr kleine Theile vertheilt ſind, und der mindeſte Unterſchied an Lage und Güte ſehr weſentlich geworden iſt. Es iſt leicht begreiflich, daß hier das Zuſammenbringen des Eigenthums eines jeden Individui, und die Verſchaffung der uneingeſchränkten Diſpoſition darüber, nur in ſeltenen Fällen möglich ſeyn kann. Dies ſetzt man ſich zum Zweck vor, und daher geſchieht in dieſer ſo wichtigen Sache faſt nichts, da wo der Erfolg der größte ſeyn würde; denn der Landmann iſt zur Induſtrie ſchon vorbereiteter. Nähme man indeſſen zum Grundſatze, das beſitzthunlichſte auszurichten, ſo könnte manche auch ſchon große Verbeſſerung ins Werk gerichtet werden, wo heute alles unter dem Joch der alten Gewohnheiten, Vorurtheile erſeufzen muß. Ich will ein Beyſpiel geben, welches daſelbſt auf die meiſten Feldmarken paßt. Die Feldordnung beſteht in drey Feldern, wie hier, aber mit dem Unterſchied, daß die Brache nicht der Hutung wegen gehalten wird; ſondern um dem Acker Ruhe zu geben und durch fleißige Bearbeitung vom Unkraute zu ſäubern. Rindvieh wird niemahlen darauf gehütet, und die Schafe nur beyläufig; beyde haben gemeinhin beträchtliche Aenger und die wenigen Schweine müſſen meiſtens ganz davon leben. Es iſt eine Hauptregel im daſigen Landbau, die Brache niemahlen grün werden zu laſſen, ſie wird deßhalb ſo früh und ſo oft als möglich gepflügt und geegget, von einem guten Wirth mit der Saatfurche wohl fünfmahl. Mithin ſieht man, daß auch die Schafhütung wenigen Genuß von einer ſolchen Brache haben kann. Dieſe Art von Brache iſt aber gewiſſer Arten von Unkraut, beſonders des wilden Haſers, der Eigenheit des Bodens wegen, zum Wohlſtande des Ackerbaues durchaus nöthig. Nun hat man inde wohl nicht einmahl sehr wichtig waren, fruchtlos, und die alte lahme verworrene Wirthschaft ohne alle Aenderung

dessen, durch spätere Erfahrungen und bey mehreren Bedürfnissen, gelernet, daß es dazu nicht erforderlich sey, alle drey Jahr reine Brache zu halten, und der Erndte zu entbehren. Man hat deßhalb angefangen in der Brache zu sömmern, das heißt: Kohl, Rüben, Erbsen, Bohnen, Lein, und vorzüglich den Sommerrübsen, ja auch wohl Getreide zu säen, und solches nach und nach immer auf ein größeres Maaß zu treiben, so, daß dermahlen wohl die Hälfte der Brache besäet wird. Dagegen wäre nichts, denn der dasige Acker ist wirklich so, daß er, bey geschickter Eintheilung nach einem Jahre Ruhe, fünf Erndten geben, und rein bleiben kann; aber darin liegt der Fehler, daß zur Sömmerung immer derselbige Theil, gemeiniglich das nähere, nicht immer das bessere Stück der Brache gelanget, folglich dieser niemahlen ruhet, recht tragbar wird, von Unkraut voll ist, und daß das reine Brachfeld schlechter genutzt wird, als es könnte.

Dies ließe sich nun so heben: wenn statt 3 Felder 6 gemacht, und von denen immer eins abwechselnd durchaus zu reiner Brache bestimmt würde. Eine Sache, die ist gering thunlich, und von einem sehr großen Vortheil seyn würde!

Itzt ist man meistens nur bey der Vertheilung der Aemter stehen geblieben, und damit hat man oft — vorzüglich der Schafzucht, — mehr Schaden als Vortheil gestiftet. Lieber diese der Hutung und zum Ackerbau freyere Hand gelassen.

In der Einrichtung der 6 Felder, wenn sie für jedes Individuum gut seyn soll, — für den Staat würde sie es unrung geblieben ist. Wäre es denn nicht möglich, nach jeden Orts Beschaffenheit, eine neue auf bessere Cultur abzielende Feldordnung und Einrichtung zu machen? Gewiß! Aber das ist nichts leichtes, und es gehört nicht nur wahre Kenntniß der Landwirthschaft überhaupt, sondern auch sehr genaue des Orts dazu. — Nach meinem Dünken ist dieses Geschäfte das wichtigste, was in der Societät vorkommen kann, es ist die Nachbesserung der erstern nach vorigen Erfordernissen gewiß mit Weisheit gemachten Einrichtung. Zu jener waren ohne Zweifel die einsichtigsten und besten aus dem Volke erkohren, und die Nachbesserung möchte sie nicht weniger erfordern. Ist nun aber in heutiger Zeit die Wahl so sorgfältig, der Lohn — ich meyne nicht bloß den in barem Gelde, — angemessen, die Autorität in rechter Richtung hinläng-

mer seyn, — gehörte, daß jedem Besitzer seine Antheile in allen Feldern ungefähr gleich gemacht würden. Die zerstreute Lage in jedem Felde würde nicht sehr interessiren; dies würde aber auch viel leichter zu bewerkstelligen seyn, als jedem sein Stück in eins zu geben.

Endlich so bliebe noch übrig, dem ganz industriösen Anbau, nähmlich zu Gewächsen, die die Brache auch nach 6 Jahren nicht wohl gestatten könnten, als etwa Obstgärten, perpetuirliche Futterplätze, ꝛc. offenes Feld zu lassen. Dies müßte durch ein Gesetz jedem frey gegeben werden, wenn das Verhältniß nicht zu groß, und die Lage seines dazu zu widmenden Stücks nicht so wäre, daß es die Feld-Communication hemmte. Sachen, die vorher erwogen und untersucht werden könnten, wo möglich aber ohne Kosten!

hinlänglich? Das können wir wohl nicht behaupten, und denn auch nicht hoffen, daß der ganze rechte Zweck dieses großen Geschäfts bey uns schon erreicht werden soll, wo der Landmann noch nicht durch Einsicht selbst dahin gelenket wird, sondern dahin Führer haben will.

Die Güterbesitzer sollten es sich indessen zunächst zu einem ehrenvollen seligen Geschäft machen, ihre Unterthanen dahin, — oft von drückender Dürftigkeit zur Wohlhabenheit — zu führen. Allein, Beyspiel und strenge Gerechtigkeit müssen vorwalten, wenn Vertrauen und Eingang gefunden werden soll.

Auf meinen Reisen sehe ich so manches Dorf, welches jetzt ein Bild der Dürftigkeit ist, und durch solche oder ähnliche Einrichtungen zur Wohlhabenheit gebracht werden könnte. Es macht dem fühlbaren sehenden Mann allemahl einen traurigen Anblick, zum Beyspiel: auf hohen Brachen das Rindvieh hungerleidend, halb verdorrt herum gehen zu sehen, dessen kaum die Halbschied zu finden, die es seyn könnte, die Einwohner in der besten Zeit ohne Molkennutzung, und ihren Acker ohne Dünger zu sehen, so, daß sie ihren Feldbau nur äußerst kümmerlich, zuweilen nicht ohne Zwang fortsetzen, gleich Schwindsüchtigen nur leben, statt, daß alles wohl bestellt seyn könnte.

Wie würde ich mich belohnt achten, wenn ich hierdurch Anlaß geben sollte, nur ein Dorf in bessere Umstände zu bringen!

Ich

Ich habe dieses zu Patrioten geredet. Ich überlasse
es, unterwerfe es ihrer patriotischen Bestimmung, und
hoffe, mithin mich nicht weiter entschuldigen zu dürfen,
wenn mich mein Vorwurf weiter geführt hätte, als es
manchem zuläßig scheinen könnte; der Ausspruch Quin=
tilians muß mich ganz entschuldigen:

  Certum est, omnia licere pro Patria.

Breslau,
den 17. Januar
1778.   v. Wedell.

Anhang.

Da ich in meiner Wirthschaftsbeschreibung auf alle
mir mögliche Art nützlich zu seyn mich beflissen,
und durch diesen Trieb zur Wahrheit und Nutzen mich
öfters zu stark hinreißen lassen; so hatte mir vorgenommen, zu Ergänzung derselben, meine wahre und unver-
fälschte Meynung über die Anwendung der Physik im
Ackerbau freymüthig bekannt zu machen. Ich überlasse
gern andern öconomischen Schriftstellern die Ehre, mit
ihrer Gelehrsamkeit zu prangen; weil ich mich aber nicht
gern von Worten blenden lassen mag, und auf Beweise
und Thatsachen dringe; so hat sie mir niemahlen ein Genüge leisten wollen. Ich war also im Begriff, die Un-

zuver-

zuverläßigkeit dieser Wissenschaft, in Absicht des Feld-
baues, in ein klares Licht zu setzen, als mir des Mr.
Desplaces Histoire de l'Agriculture Ancienne, extraite de
Pline, avec des éclaircissemens, vor Augen kam. Dieser Schriftsteller hat die Sache Pagina 272. so schön behandelt, daß ich die ganze Stelle in seiner Sprache, nebst
einer sehr richtigen Uebersetzung von einer andern Feder,
liefere:

„Il ne paroit pas, que nous ayons des lumieres plus
„étendues que les Anciens sur la connoissance de la natu-
„re des divers terroirs. La composition trop variée de
„la terre continue de mettre en défaut nos pretendus
„Cultivateurs Physiciens sur les diverses modifications,
„que lui fait éprouver l'esprit universel, cet acide vitrio-
„lique & primitif, ainsi que le definissent les Chymistes,
„qu'ils pretendent être le premier principe de tout. Ils
„ne peuvent reduire l'immense variété de la contexture
„de la terre, plus ou moins propre à recevoir la matie-
„re universelle fécondante, telle qu'elle soit, à un cer-
„tain nombre de genres fixes, aisés à distinguer. On
„n'apperçoit clairement que les deux extrêmes, c'est à
„dire la composition apparente des terres incapables de
„retenir le nitre universel, & de celles qui le retiennent
„avec excés. Les terres qui ne contiennent que du sable
„& des pierres sont l'un de ces extrêmes; celles qu'on
„appelle vulgairement limonneuses, sont l'autre extrê-
„me: le premier est sans remede; il est aisé d'en appor-
„ter au second: c'est le même defaut que celui des terres
„d'Egypte après les debordémens du Nil; on est obligé
„d'y

„d'y mettre du fable pour les rendre fertiles. Ce reme-
„de à été propofé de nos jour comme une decouverte,
„mais malheureufement nous manquons de terres fur
„les quelles on puiffe l'appliquer."

„Le laboureur fera presque toujours reduit à juges,
„qu'une terre eft plus ou moins fertile qu'une autre par
„la feule comparaifon de fes productions; celles de la
„plus fertile font toujours & plus vigoureufes, & plus
„abondantes que celles d'une terre moins fertile."

„On ne connoit point de caufe fpecifique de la fe-
„condité. L'air, les pluies, la chaleur du foleil y contri-
„buent; mais ils n'en font point la feule fource. Leurs
„influences ne fertilifent jamais une terre naturellement
„fterile, elles ne produifent point un effet égal fur tou-
„tes fortes de terres. Les moiffons font plus abondantes
„dans l'une que dans l'autre, quoique fous le même cli-
„mat, dans la même temperature, & cultivées avec le
„même foin."

„Le cultivateur apperçoit que l'eau qui arrofe la ter-
„re, fournit aux plantes la plus grande partie de leur
„nourriture, puis qu'elles en contiennent une trés gran-
„de quantité. L'herbe qu'on coupe, & que le foleil
„deffeche, devient fept ou huit fois plus légere qu'elle
„ne l'étoit etant verte, les parties aqueufes s'en evapo-
„rent; il ne refte plus, que les parties folides, qui n'ont
„pû être fournies que par une fubftance pareillement fo-
„lide contenûe dans la terre. Il ne fert à rien d'appel-
„ler,

„ler, avec les Chymiſtes, cette ſubſtance terre élemen-
„taire, parties ſalines, ſubſtance onctueuſe, ſubtile &
„ſoluble, à laquelle l'eſprit univerſel, ſecourû de l'eau,
„donne le jeu neceſſaire pour la végétation. Qui pour-
„ra jamais connoitre le phyſique de ces parties?"

„Vû que chaque eſpece de plantes céréales & autres
„exigent une terre qui leur convienne, on à propoſé de
„nos jours d'avoir recours à l'analyſe chymique de di-
„verſes terres & de diverſes plantes, eſpérant que les
„terres & les plantes qui donneroient le plus de parties
„eſſentielles analogues, devoient être celles qui ſe con-
„venoient le mieux. Efforts inutiles!"

„La terre n'eſt point une ſimple matrice, comme il
„plait à quelques Phyſiciens de l'imaginer: elle contient
„des parties douées des qualités inhérentes, ſans les
„quelles les ſubſtances environnantes, & qui s'y dépo-
„ſent, ne ſerviroient à rien pour ſa fécondité."

„La ſaine phyſique eſt forcée de convenir que les
„myſtéres du régne végétal ſont de la plus profonde ob-
„ſcurité. L'examen des plantes ne fournit rien de lu-
„mineux ſur l'enſemble de leur organiſation; on les à
„comparées aux animaux: *Leur organiſation ſi diferente,*
„*& leur mécanique ſi peu reſſemblante, ont ſouvent été re-*
„*duites à la même forme*, pour me ſervir des termes d'un
„grand Naturaliſte. On étoit perſuadé que la ſéve circu-
„loit dans les plantes à peu prés comme le ſang circule
„dans les animaux. Cette circulation de la ſéve ſembloit

„autre-

„autrefois presque demontrée; apréfent on la croit im-
„poſſible, & on ne veut plus admettre que *ſon mouve-*
„*ment alternatif d'aſcenſion & de deſcenſion.*"

„Qui concluре de tout ceci, ſi ce n'eſt qu'il n'eſt
„point de ſyſtême à l'abri des révolutions, & que le plus
„en vogue eſt presque toujours le dernier imaginé pour
„détruire ceux, qui l'ont précédés? Le Phyſiciens des
„ſiécles futures pourroient bien ne rien voir dans les
„plantes de tout ce que ceux de nos jours y découvrent
„ſi clairement. Peutétre, diront-ils à leur tour, que
„leurs prédeceſſeurs ſe ſont mal ſervis du flambeau de
„l'expérience. Je me flatte qu'on ne trouvera pas cette
„digreſſion étrangére à mon ſujet, puis qu'elle tend à
„faire voir que l'expérience locale eſt presque l'unique
„moyen que l'on ait de connoitre les diverſes qualités
„des terres, & que nous ne ſommes pas plus avancés, à
„cet egard, que les anciens."

„Es ſcheint nicht, daß wir über die Natur der ver-
„ſchiedenen Erdarten eine ausgebreitete Kenntniß haben.
„Die zu mannigfaltige verſchiedene Zuſammenſetzung der
„Erde führt, unſre angebliche phyſikaliſche Erdbearbei-
„ter noch beſtändig über die verſchiedenen Modificatio-
„nen irre, die der Spiritus Univerſalis, dieſe nach Be-
„ſchreibung der Chymiſten urſprüngliche Vitriolſäure,
„die ſie für den erſten Urſtoff von allen angeben, in ihr
„anrichtet. Sie können die unermeßliche Verſchieden-
„heit von Erdmiſchungen, vermöge welcher ſie mehr
„oder weniger zur Empfängniß der allgemein befruch-
„tenden

„tenden Materie, diese sey auch was sie wolle, fähig
„wird, nicht auf eine gewisse Zahl bestimmter und leicht
„zu unterscheidender Arten bringen. Man sieht bloß
„die beyden Extreme, nähmlich die augenscheinliche Zu-
„sammensetzung solcher Erdarten, die den Universalnitre
„bey sich zu behalten unfähig sind, und solcher, die ihn
„außerordentlich stark behalten. Die nur aus Sand
„und Stein bestehende Erdreiche sind eins von diesen
„Extremen; die Erdarten, die man gewöhnlich schlickigte
„nennt, sind das andere Extrem. Den ersten Fehler
„kann man gar nicht abhelfen, dem andern ist leicht zu
„helfen. Letzteres ist der Fehler des Bodens in Egyp-
„ten nach den Nilaustritten. Man muß ihn mit Sand
„vermischen, um ihn fruchtbar zu machen. Man hat
„dieses Mittel vor einiger Zeit für eine neue Entdeckung
„ausgegeben, allein zum Unglück fehlt es uns an Bo-
„den, wo wir es gebrauchen könnten."

„Der Landmann wird fast immer den Grad der
„Fruchtbarkeit des Ackers, bloß mittelst Vergleichung
„seiner Früchte, beurtheilen müssen. Die Früchte des
„fruchtbarsten sind jederzeit kräftiger und häufiger, als
„die Früchte des minder tragbaren."

„Man kennt keine eigenthümliche Ursache der
„Fruchtbarkeit. Luft, Regen, Sonnenwärme, tragen
„das ihrige dazu bey, aber sie sind nicht ihre alleinige
„Quelle. Ihre Einflüsse machen niemahls einen von
„Natur unfruchtbaren Acker fruchtbar, sie wirken nicht
„auf alle Gattungen von Boden gleich. Bey einerley
„Clima,

„Clima, in einerley Luft, und bey einerley Bearbeitung,
„trägt die eine Art mehr als die andere."

„Der Landmann bemerkt, daß das Wasser, das
„die Erde befeuchtet, den Pflanzen den größten Theil
„ihrer Nahrung zuführt, weil sie eine große Menge
„Wasser bey sich haben. Das abgemähete und in der
„Sonne gedörrete Gras wird sieben bis achtmahl leich-
„ter, als es grün war. Die Wassertheilchen dampfen
„aus, es bleiben nur die festen Theile, die ihnen blos
„von einer gleichmäßig festen in der Erde enthaltenen
„Substanz haben hergegeben werden können. Es hilft
„zu nichts, diese Substanz mit den Chymisten elementa-
„rische Erde zu nennen, oder Salztheilchen, öhlichte,
„feine leicht aufzulösende Substanz, welcher der Univer-
„salgeist, mit Beyhülfe des Wassers, die zum Wachs-
„thum nöthige Bewegung verleiht. — Wer wird je-
„mahls die Natur dieser Theilchen recht kennen lernen?"

„In Rücksicht, daß alle Frucht- und Pflanzenarten
„einen sich für sie schickenden Boden erfordern, hat man
„zu unserer Zeit die chymische Auflösung der verschiede-
„nen Erdarten und Pflanzen in Vorschlag gebracht,
„und gehofft, daß diejenige Erdarten und Pflanzen, die
„die mehresten ähnlichen Theile ausgeben würden, auch
„diejenigen seyn müßten, die sich wechselweise am besten
„für einander schicken; — vergebene Arbeit!"

„Die Erde ist keine bloße Gebährmutter, wie sich
„einige Naturforscher eingebildet haben. Sie enthält
„Theile,

„Theile, die mit innern Kräften versehen sind, ohne wel-
„che die sie umgebende Substanzen, und die sich in der
„Erde setzen, nichts zu ihrer Fruchtbarkeit würden bey-
„tragen können. Die gesunde Naturlehre muß beken-
„nen, daß die Geheimnisse des Pflanzenreichs im tief-
„sten Dunkel verborgen liegen. Die Untersuchung der
„Pflanzen steckt über das Ganze ihrer Organisation kein
„Licht an. Man hat sie mit den Thieren verglichen.
„Ihr so verschiedener Bau, und ihr so sehr unähn-
„licher Mechanismus sind, nach dem Ausdruck eines
„großen Naturforschers, oft bis auf einerley Gestalt
„zurück geführt worden. Man glaubte, daß der Saft
„in den Pflanzen beynahe eben so, wie das Blut in den
„Thieren, einen Kreislauf halte. Dieser Umlauf des
„Safts schien vormahls beynahe völlig erwiesen zu seyn,
„und jetzt hält man ihn für unmöglich, und will nur bloß
„seine Wechselbewegung von Steigen und Fallen zu-
„geben."

„Was soll man hieraus anders schließen, als daß
„jedes System Veränderungen unterworfen ist, und
„daß dasjenige, welches am meisten gilt, das ist, was man
„zur Niederreissung des vorhergehenden zuletzt erfunden
„hat. Die Naturforscher künftiger Jahrhunderte wer-
„den vielleicht an den Pflanzen nichts von allem dem
„entdecken, was die Naturforscher unserer Zeit so deut-
„lich an ihnen sehen, vielleicht werden sie ebenmäßig sa-
„gen, daß ihre Vorgänger sich der Fackel der Erfahrung
„schlecht bedienet haben. Ich schmeichle mir, daß man
„diese Abschweifung bey meinem Gegenstande nicht zu
„weit

„weit hergeholt finden werde, weil aus ihr sich ergiebt,
„daß Erfahrung an Ort und Stelle beynahe das einzige
„Mittel ist, die verschiedenen Eigenschaften des Erd-
„reichs zu erkennen, und daß wir über diesen Punct
„nicht weiter gekommen sind, als die Alten."

Nun wollte wünschen, daß viele dieser Meynung
beypflichten, und dagegen den prahlerischen und übertriebenen Ausdruck eines andern Franzosen: Il a surpris
la Nature sur le fait, d. i. er hat die Natur auf der That
ertappt, welcher großen Beyfall gefunden, auf immer
abschaffen möchten.

Nachricht.

In dem Grundriß der Cleverscheune ist ein Fehler be-
gangen. Der Zeichner hat Unterschiede zwischen Täsfe
und Tenne angedeutet, welche aber nicht existiren. Es
ist ein ganz holes Gebäude, die Rosten in den Täffen stehen auch nicht auf schiefen Füßen, sondern an jeder Seite zwölfe an der Zahl, liegen auf eingegrabenen Pfosten,
so wie im Texte des Buchs beschrieben. Dieser Fehler
rührt daher, daß schon der Clever in der Scheune lag,
als die Zeichnung gemacht wurde, und der Zeichner sich
auf sein Gedächtniß verließ, ich aber damals nicht genug darauf achtete.

Beschreibung
der
Stargordtschen Hexelmühle.

Vorerinnerung. Die Größen, so mit dem Hand-Zirkel genommen werden können, sind nicht beschrieben. Ferner, die im Grundriß vorkommende umständliche Erklärungen, werden bey dem inwendigen Profil-Aufriß des ganzen Mechanismusses, nur dem Nahmen nach berühret, weil der letztere Maßstock alles übrige und nöthige ergänzet.

A. Die Hexelmühle in ihrer Höhe und Länge. Es versteht sich nach der Architectur, daß des Daches Höhe die halbe Breite der Grundlage ausmacht.

B. Ist eine Tagöffnung, in welcher oberwärts eine Tritze oder Rolle angebracht, mit welcher man, vermöge eines Taues, von den entfernten Scheuren, die Strohbündels durch einen Menschen herauf ziehen läßt.

C. Ist eine angränzende Cleverscheune, welche bey D. eine Communication mit dem Boden der Hexel-Mühle hat, damit dieser Clever ohne große Weitläuftigkeit kann herüber gebracht werden.

E. Ist

E. Ist die Grundlage der Hexelmühle, bey welcher (wegen des zu kleinen Maßstabes, so hier hat angenommen werden können,) mehr Beschreibung als Zeichnung zu erwarten, jedoch bey dem Profil-Aufriß wieder ersetzt wird.

F. Der Quadratraum, in welchem das Angespann seinen erforderlichen Umlauf haben kann.

G. Der Rand des großen Kammrades, welcher in der Breite 7 Zoll hat, und mit 187 Kämmen besetzt ist; jeder Kamm hat vom andern, von Mitte zu Mitte, $3\frac{3}{4}$ Zoll Zirkeltheilung, und gewöhnliche Höhe und Dicke. Die Höhe des Randes ist in allen 9 Zoll, wozu die 6 Verbindungen H, auf welchen er angeflascht, mit eingerechnet sind, und 4 Zoll in der Dicke haben.

I. Sind die 6 Arme, auf welchen der Kranz des Kamm-Rades verbunden. Jeder Arm ist 4 Zoll dick und 16 Zoll hoch.

K. Die große perpendiculair stehende Welle, welche im Diameter 2 Fuß 2 Zoll hat, durch welchen die 6 Arme in einander geblattet durchgehen.

L. Sind die 4 Hebel zum Angespann, welche mit großen Nägeln an den Armen des Kammrades befestiget sind.

M 5   M. Ist

M. Ist die Andeutung vom Riegel des Hängewerks, auf welchen das große Getriebe mit seinen Zapfen der Welle ruhet.

N. Die Andeutung vom großen Getriebe, 4 Fuß 2 Zoll Diameter, 1½ Fuß Länge, mit 34 Triebstöcken besetzt. Beyde Ränder der Peripherie sind mit starken eisernen Bändern beschlagen.

O. Die lange durchhin gehende Welle, im Diameter 1 Fuß, hat am andern Ende

P. das Stirnrad, 4 Fuß im Diameter, 9 Zoll im Rande dick, hat 52 im Verband stehende Kämme, welche unter sich in ein Getriebe fassen von 9 Stöcke, so in einer andern Fußdicken Welle eingelassen, und mit eisernen Bändern befestigt sind. Diese letztere Welle hat bey

Q. die Schwungscheibe, 3 Fuß 10 Zoll im Diameter, 9 Zoll dick; und bey

R. die Kurbe oder Wrange, welche den Stößel oder Hebel des Schneide-Rahmens in die Höhe treibt.

S. Sind 2 Ständer, welche unten auf einer Schwelle stehen, und oben an den Balken befestigt sind; diese Ständer haben unterwärts, in der Gegend wo die Kurbel gehet, etwas lange Zapfenausschnitte, in welche zwey über einander liegende Riegel mit

mit Keilen gestellet werden. Um der Deutlichkeit willen ist unten, linker Hand ausser der Mühle, eine ohngefähre Zeichnung ohne Maßstab zur Idee bemerket, mit

T. Diese Riegel haben auf den Enden ordinaire abgeblattete Zapfen; in der Mitte

U. sind sie 2 Zoll tief und 2 Zoll breit, wie auch 9 Zoll lang ausgestämmt. In dieser Aushöhlung befinden sich zwey paßrechte Klötzerchen von weichem Holze, als Birken, Ellern ic.

V. Diese parallel laufende Klötzerchen haben in der Mitte auf beyden Seiten einen kleinen halben Bogen-Ausschnitt, in welchem der gekröpfte Zapfen der Kurbe seinen Ruhepunct hat, jedoch zur Bewegung Raum gelassen ist.

W. Die Hexelkammer, in deren Mitte die Abtheilung zum Räderwerk P. Q. bestimmt ist. Diese hat oben über sich eine auf beyden Seiten ablaufende bretterne Abdachung, und zwar dichte unter dem Boden der Schneidelade, über welche der Hexel herunter fällt, in W. und W.; jedoch ist oben der Ausschnitt in den bretternen Boden nicht größer, als die Hexellade den Hexel verspreitet. Was einzeln bey Seite springt, wird zuletzt herein gekehret, und die Oeffnung mit einer Stürze von Bretter zugelegt.

X. Ist

X. Ist die Gestalt der Abdachung.

a. Die Grundlage von dem Umfang einer angränzenden Cleverscheune.

b. Die Tenne, welche gleichfalls mit Clever auf Böcken vollgestopft wird.

c. Die zwey Tasten, worin der Clever aufbehalten wird.

d. Die Grundlage einer aus Latten zusammen genagelten Quadrat-Röhre, durch welche der Clever seine noch etwannige Feuchtigkeit ausschwitzet, damit er sich nicht erhitzen kann.

e. Ist eine dergleichen in ihrer Erhöhung perspectivisch vorgestellet; weil aber die Kleinheit solche nicht deutlich genug macht, so ist linker Hand eine andere nach einem größern Maßstock entworfen, als:

f. Die Grundlage.

g. Die Erhöhung perspectivisch, wobey sich von selbst versteht, daß die ganze Höhe nach der Höhe der Cleverscheune befindlich seyn muß; doch nicht bis ans Dach.

h. Zeigt ungefähr die Rosten an, so durch die Tasse gehen; auf dem Flur werden Böcke von gleicher Höhe in die Länge gegen einander gesetzt.

Erklä-

Erklärung des Profil-Aufrisses nach der Nummer.

No. 1. Das große horizontale Kammrad mit seinem Zubehör.

2. Das Hängewerk im Profil, auf welchem der große Getriebezapfen ruhet.

3. Das Hängewerk von forne, und wie der Riegel auf den Seiten in seinen Zapfenlöchern mit Keilen kann erhöhet und erniedriget werden.

4. Das große Getriebe.

5. Die lange durchhingehende Welle.

6. Das Stirnrad mit im Verband stehenden Kämmen.

7. Die unterste Welle mit dem kleinen Getriebe.

8. Die Schwungscheibe.

9. Die Kurbe oder Wrange.

10. Einer von den Ständern, so in der Grundlage unter S. beschrieben.

000. Ein Eckständer, so zur Abtheilung P. Q. in der Grundlage gehört.

11. Sind die zwey Riegel, so in der Grundlage T. U. V. beschrieben.

No. 12.

No. 12. Ist ein perpendicular jedoch gebogener Hebel, welcher sich hinter der langen Welle herum ziehet; wie solcher an der Verkröpfung der Kurbe befestiget, wird kommender Profil noch deutlicher zeigen.

13. Der Schneiderahmen, (an welchem das Schneide-Messer befestiget, um deswillen er vorkommend immer der Schneiderahmen soll genennet werden,) an dessen untersten Querschneibe der vorgedachte gebogene Hebel, in ein Gelenke von Eisen befestiget ist. Dieser Schneiderahmen ist mit seinem Zubehör nach hinterwärts etwas perspectivisch aufgestellet, weil verschiedene nöthige Stücke sonst von hinten nicht könnten gesehen werden.

14. Der Hebel, welcher die 3 Strohschiebers führet, und forne auf der untersten Scheibe des Schneide-Rahmens in ein angebrachtes Lager beweglich gehet; hinterwärts aber, zwischen dem Gestelle der Schneidelade, mit einem eisernen Nagel festgestellet wird.

15. Die 3 Schieber nach ihrer gehörigen Lage. Unter selbiger Nummer ist oberwärts einer in der Breite, forne mit etwas starkem Eisenblech beschlagen, abgeschärft und ausgezahnt, gleich einer Säge. Wo der Nagel zum feststellen durchgehet, sind die Löcher gleichfalls auf beyden Seiten beschlagen.

No. 16.

No. 16. Ist ein rechtwinkelichter Hebel, so mit dem Forderende, an der Seite des Schneiderahmens, in einer ausgeschlitzten Knagge beweglich geht; hinterwärts unter dem rechten Winkel ist solcher, zwischen der Schneidelade und einem aufgerichteten Ständer, mit einem eisernen Nagel angesteckt. Das Winkelstück dieses Hebels ist oben mit 3 Ausschnitten versehen, in welchen die 3 Pelicans No. 17. gestellet werden, nachdem der Hexel kurz oder lang seyn soll.

17. Die 3 Pelicans, welche forne mit eisernen Hacken (und zugleich Seitenlappen haben,) beschlagen sind, damit solche von ihren Zahnrädern nicht gleiten.

18. Sind wieder 3 dergleichen Pelicans, welche jedesmahl die zurück gezogene Zähne fest halten; wie solche angebracht, zeigt die Figur.

19. Die 3 Zahnräder welche die Walzen führen, so von oben das Stroh vortreiben; ein jedes Rad hat 84 Zähne, in der Mitte eine zollgroße Quadratöffnung, durch welches die Welle der Walze geht, und mit einem eisernen Splint befestigt wird.

20. Ist eine dergleichen Welle, welche erstlich mit dem langen Theil durch die Walze fest getrieben wird, daß auf beyden Seiten die abgerundete Axen mit der Walze gleich stehen, alsdenn wird das Zahnrad auf den kurzen vierkantigen Theil aufgesteckt, und mit

mit einem eisernen Splint vorgesteckt, damit es nicht abfällt.

No. 21. Eine Walze, welche mit so viel abgeschärften eisernen Regeln oder Linials besetzt ist, wie die Figur in der ganzen Peripherie andeutet.

22. Ein dergleichen Linial von etwas starkem Eisenbleche. Auf beyden Enden sind solche ausgeschlitzt, zwischen welchen die eisernen Bänder gehen, womit die Walzen beschlagen sind, damit solche nicht heraus fallen können; die Walzen sind von festem eichenen Holz, und die Linials stehen etwas über die Hälfte heraus.

23. Die Andeutung einer Druckfeder, deren in allen 6 Stück sind, nähmlich auf jedem Ende der Walze eine, die auf dem abgefundeten Theil der Welle fest liegen. Eine solche Feder ist von der Spitze bis an die Rundung 14 Zoll lang, $\frac{3}{4}$ Zoll breit, $\frac{1}{2}$ Zoll dicke; das Bogenstück ist mit 3 starken Holzschrauben befestiget.

24. Ist ein Aufgerichte, in Gestalt eines Stuhls. Anstatt des Sessels geht ein bewegliches Rollholz, über welches ein dreyfach lederner Riemen geht, so den Preßkloß, welcher das Stroh zusammen drückt, in die Höhe hebt; der andere Theil, welcher die Rück-Lehne vorstellt, geht zwischen den parallel laufenden Latten 26., und ist an der fordersten befestiget.

No. 25.

No. 25. Ein Wellbaum, welcher in der Mitte 6 Zoll im Diameter hat; an diesen ist der Riemen des Preßklotzes angeschnallt. Die Zeichnung von forne wird dieses deutlicher erklären.

26. Sind 2 parallel laufende Querlatten, welche an den feststehenden Ständern eingeplattet sind; zwischen diesen hat der Schneiderahmen seine Lehne zum perpendiculairen Auf- und Niedergehen.

27. Die feststehenden Ständer, zwischen welchen alles bewegliche und unbewegliche seine Abtheilung hat.

28. Das Schneide- oder Strohmesser.

30. Die ganze Schneidelade mit ihrem Untergestelle.

31. Der Abschnitt vom Hintertheil der Schneidelade.

32. Der Ständer, zwischen welchem das Hintertheil des rechtwinkelichten Hebels No. 16. in seiner gehörigen Dicke und Länge befindlich.

33. Die beyden mit Bohrlöchern versehene starke Latten, worin der Hebel No. 14. gestellt wird, nachdem die Schieber viel oder wenig Stroh vorschieben sollen.

34. Das Fußgestelle vom Hintertheile, welches in dem Maß höher und breiter ist als das Vordertheil.

N. Aufriß

Aufriß von forne.

No. 35. Die feststehenden Ständer.

36. Zwey Knaggen mit Bohrlöchern nach inwendig angebracht, in welchen der Wellbaum No. 25. beweglich geht, auf deren Mitte die große eiserne Schnalle zu sehen, an welcher der Riemen des Preßklotzes nach Erfordern angeschnallt wird.

37. Ist ein Hebel, welcher in eben demselben Wellbaum eingezapft ist, und seinen Ruhepunct auf einen festgenagelten Daumen des Schneiderahmens hat. Wenn nun der Schneiderahmen den Hebel in die Höhe hebt; so muß der Wellbaum den Preßklotz auch in die Höhe ziehen, damit währender Zeit das Stroh hervor geschoben werden kann.

38. Eine von den parallel laufenden Querlatten No. 26., zwischen welchen beyden das vorgedachte Stuhlgestelle No. 24. mit seiner Lehne an dieser forderften angenagelt ist, und aus Brettern besteht.

39. Ist das nemliche Gestelle, wie solches von forne mit der Mündung der Schneidelade parallel herunter läuft.

40. Sind 4 Stück rechtwinkelichte starke Federn, welche den Schneiderahmen an der Schneidelade mit seinem Strohmesser andrücken müssen. Bevor diese Federn angeschraubt sind, machen sie in ihrer Natur

tur einen etwas stumpfen Winkel, indem sie sonst nicht andrücken könnten. In der Gegend, wo die Federn ihren Druck haben, ist der Schneiderahmen mit harten weißbüchenen Sohlen belegt, und wenn solche abgelaufen, müssen wieder neue angenagelt werden.

41. Ist der Schneiderahmen in seiner gehörigen Breite; unterwärts geht er mit seinen Seitenstücken durch den gedielten Boden in Quadratöffnungen, wie auch oberwärts durch die parallel laufende Latten.

42. Das Schneidemesser in seiner Lage nach seiner Breite; die Dicke ist einen halben Zoll, und geht nach der Schneide keilförmig zu. An dem Schneiderahmen hat es für sich noch ein besonderes schräges Lager, so daß nur die Schneide und nicht der Rücken des Messers, am Stahl der Mündung der Schneidelade herunter gleitet. Die Schrauben, auf welche es erstlich aufgesteckt wird, neigen sich gleichfalls auch niederwärts, alsdenn wird es mit Flügelschrauben-Muttern fest angezogen. Die Schneidelade-Mündung ist auf allen drey Seiten mit einem recht geraden und glatten Stahl ausgelegt, welcher von inwendig mit Nieten angezogen.

43. Die Knagge von forne, so den rechtwinkelichten Hebel No. 16. führt.

44. Das angebrachte Lager mit einer harten hölzernen Sohle versehen, worin der Hebel No. 14. geht, welcher die 3 Strohschieber führt.

No. 45. Ein verkürzter Strohschieber in der Breite.

46. Der Preßkloß, welcher das Stroh niederdrückt, mit einer eisernen Handhabe.

47. Der Preßkloß in würfelmäßiger Perspective; in der Dicke hat er 6 Zoll, auf beyden Seiten mit doppelten Fugeleisten, welche in den Fugen der Schneidelade ziemlich schließrecht auf- und nieder gehen, und unterwärts ist er von hinten nach forne ⅔ der Dicke abgeschrägt. Dieser Kloß ist von Eichenholz, Signum X. mit 140 Pfund Bley ausgegossen.

48. Ist der vorgedachte Hebel No. 12., welcher sich mit seinem Bogen hinter der großen Getriebwelle herum ziehen muß, um den Schneiderahmen durch die Hebelkraft der Kurbel in die Höhe zu stoßen.

49. Ist das unterste Ende dieses Hebels, welches zeigt, wie die Verkröpfung No. 9. der Kurbel zwischen zwey Stückchen weiches Holz mit Keilen befestiget wird, nach Anweisung der Grundlage T. U. V.

Von

Von Eckstädt
Beschreibung
des
Guthes Hohenholtz
in
Vor-Pommern ohnweit Stettin
und
Bewirthschaftungsart
desselben.

Topographische Beschreibung des Guthes Hohenholtz.

Die Grundstücke, so sich 1756. bey diesem Guthe befanden, waren:

I. Das Hauptgut, bestehend:

a) aus 931 Morgen pommersch reinen Acker, welcher, eins ins andere gerechnet, für guten lehmichten Mittelboden angenommen werden kann; mit dem Unterschiede, daß der nahe am Dorfe belegene etwas reichhaltiger und ebener, als der hinterwärts belegene ist, in welchen sich auch mehrere Anhöhen, Steine und incultivable Brücher befanden.

b) Aus

b) Aus 8 Morgen Koppeln und Dreschland, welches, weil es hoch liegt, und daher der Sonnenhitze sehr exponirt ist, wegen seines schlechten Graswachses nicht den Zaun verdient, der zu dessen Befriedigung erhalten werden muß.

c) Aus 440½ Morgen funfzigjähriges Fichtholz, welches, außer dem nöthigen Brennholze, auch schon klein Bauholz-fournirte, übrigens aber nach der Willkühr des Jägers behandelt wurde. Nachdem aber solches, wie nachher sich näher zeigen wird, in Kaveln gelegt; so kann, außer gedachtem Abnutz, noch etwas verkauft werden, und die Conservation desselben ist gesichert.

d) Aus 130 Morgen Torfwiesen, welche dergestalt von der Näsfe ausgesohret waren, daß das wenige Gras, so hin und wieder gemähet, beym Heuen zum Theil durch das auf denen Wiesen stehende Wasser von neuem feucht wurde. Durch gehöriges Abgraben und zwiefaches Mähen, haben diese Wiesen bereits eine ganz andere Natur angenommen, und werden wahrscheinlich sich in der Folge noch immer besser zeigen.

e) Aus 144 Morgen durch Ueberschwemmung von Schneefluthen gänzlich unbrauchbar gewordenen Brücher, welche nun auch, vermittelst Königl. Meliorationsgelder, nach ihrer Beschaffenheit, respective zu guten Wiesen, Weideplätzen und Karpfenteichen gemacht werden.

II) Aus

II) Aus einem Vorwerke Flackensee, wobey

a) 224 Morgen Acker, welcher zum Theil sehr thonicht und eben, zum Theil aber ein guter Mittelboden ist, in welchem sich hin und wieder einige Anhöhen befinden. Sämmtlicher Acker aber gewährte nur schlechte Erndten, indem der Mangel an Feldgrabens die natürliche Kaltgründigkeit vermehrte, und der wenige Dünger in keinem Verhältniß mit selbigem stand; überdem lag der Acker voll von Steinen, welche bey Bestellung desselben sehr hinderlich waren.

b) Aus 20 Morgen Bruchhütung, so dem dasigen Rindviehstand, welchen 20 Kühe ausmachten, bestimmt war. Weil dieses Vorwerk zum Theil von der bey dem Hauptguth befindlichen Anspannung, zum Theil aber durch extraordinaire Dienste der Bauern bestellt wurde; so bedurfte es auf selbigen keines Zugviehes. Dagegen aber wurden 500 Haupt Geltevieh daselbst ausgefuttert, welche die Weite nicht nur auf dieser Feldmark, sondern auch auf den nah belegenen Bauerfeldern genossen.

Der ganze Viehstand auf beyden Güthern bestand aus 8 Pferden, 25 Ochsen, 80 Kühen, 20 Haupt Gustvieh und 1300 Schafen, incl. des Knechtviehes.

Die Aussaat betrug dagegen auf beyden Gütern 47 Winspel Winterkorn, und 58 Winspel Sommerkorn, auch einige Winspel Erbsen in der Brache. Weil diese ungeheure Aussaat aber in keinem Verhältniß mit dem Viehstande war, so überstieg der Ertrag des Wintergetreides selten das 3te, und des Sommergetreides das 2te Korn.

III) Aus einem auf eine halbe Meile vom Hauptguthe entlegenem Bauerguthe Glasow, worinnen, außer dem Prediger, Küster, Müller, Schmidt und verschiedenen Einwohnern, 14 Bauern und 4 Cossäthen wohnhaft sind.

Jeder Bauer hat 101 Morgen Acker und Wördeland, und 12 Morgen Torfwiesen.

Die 4 Cossäthen haben an Grundstücken so viel wie ein Bauer, und die gemeinschaftliche Weide im Bruche beträgt 400 Morgen.

Außer der Contribution, so ein jeder von seinen Grundstücken erlegt, und von einem Bauer-Hofe jährlich 50 Rthlr. beträgt, stellten die Cossäthen täglich einen Mittelsknecht beym Hofe hacken. Der Bauerdienst aber war folgender:

Im Rockenaugst mußte jeder 2 Mäher, 2 Binder und einen Hungerharker gestellen. Wenn

der

der Rocken abgemähet war, gieng der Hungerharker zwar ab; dagegen aber mußte der Bauer mit einem vierspännigen Wagen einfahren, und zu jedesmahl 4 Mandel Rocken laden. Im Sommer-Augst aber gestellte er nur einen dreyspännigen Wagen, ladete jedoch jedesmahl auf selbigem 4 Mandel. In der Ackerzeit gestellte jeder Bauer 2 Ochsen, einen Knecht, eine Magd, und 3 Tage in der Woche 3 Pferde zum Eggen oder andern Behuf. Die Ochsen und 7 Knechte, so mit selbigen unterspännig hacketen, blieben die ganze Woche auf dem Hauptguthe, woselbst erstere die freye Weide genossen, in der Heuung und Stoppeln, nebst dem Hofzugviehe, so lange man hüten konnte; hiernächst aber vom Bauer mit dem nöthigen Futter in einem dazu gewidmeten Stalle versehen werden mußten, woselbst ein Dienstmädchen bey Tage selbige futterte und zum Hacken trieb; des Morgens aber und Abends die Knechte selbige selbst futtern mußten.

Sieben Mädchens mußten mit den 7 Spann-Pferden eggen, die übrigen 7 Knechte und 6 Mädchens wurden zu andern nöthigen Arbeiten gebraucht.

Wenn die Ackerarbeit und Mistfuhren geendet, und die Gespanne nicht zu Heu, Korn oder Holz-Fuhren gebraucht wurden, kamen sämmtliche Dienstleute, incl. der Cossäthen-Knechte, 32 Seelen

len an der Zahl, zu Fuße herauf, und wurden zum Dreschen, Holzhauen und Futterschneiden gebraucht. In der Heuerndte schickte jeder Bauer 2 Mäher, und so bald das Heu geworben werden konnte, noch ein Mädchen. Die Coffathen-Knechte aber und ein Deputathöcker blieben stets beym Hacken, außer so lange der Rocken gemähet wurde, da sie nebst einigen Dreschern die Garben in Haufen bringen mußten.

Außer diesem Dienst gab ein jeder Bauer eine Gans, 4 Hühner, und spann 8 Pfund Flachs; extraordinaire waren sie gehalten, die Saatfahre auf dem Vorwerke F. auffer dem Dienst zu bestellen. An Hofwehre hat jeder Bauer 4 Pferde, nebst Sielen und einen Puffwagen, 4 Ochsen, nebst 2 Hacken mit Zubehör, 2 Kühe, 4 Schweine, 16 Gänse, 2 zweyschläfrige Betten, alles nöthige Haus- und Ackergeräthe reichlich, und weil die Höfe um Trinitatis abgetreten werden; so muß der abziehende Bauer die nöthigen Lebensmittel bis zur Erndte, so wie er sie empfangen, abliefern, sammt der zu bezahlenden Contribution bis Jacobi.

Das beste bey diesen Gütern war, daß sie reichlich mit Unterthanen versehen, sämmtliche Wirthschaftsgebäude fast alle neu und tüchtig gebauet waren, und sich ein schönes maßives Wohn-Haus von 2 Stockwerk, auffer dem Souterain, nebst 2 gleichfalls dabey befindlich maßiven Flügeln befand.

befand. Die Mühle zu Glasow gab 6¼ Wispel Pachtkorn, und sämmtliche baare Gefälle an Haus-Miethe und Grundgeld 140 Rthlr.

Ursachen, so eine andere Abänderung der Wirthschaft nöthig gemacht.

Der Mangel an Menschen, welcher erstlich nach dem dreyßigjährigen Kriege, zweytens dem moscowiter Kriege, drittens der darauf erfolgten Pest in hiesiger Gegend im Anfange dieses Seculi sehr merklich war, verursachte, daß sehr viele Landungen inculturiret liegen blieben, worauf zum Theil in den entlegensten Gegenden der Güter einige Fichtwälder, so sich noch hin und wieder finden, aufschlugen; näher liegende Gegenden aber, so öfter von dem wenigen vorhandenen Vieh besucht worden, nur mit Heidekraut anflogen. Das wenige Land, so noch unterm Pfluge blieb, trug wegen reichlicher Düngung und zum Theil genossener Ruhe sehr gut, und fournirte hinlänglich, was zum Unterhalte der wenigen Einwohner nöthig war. Als aber hiernächst dieses Land unter dem Preußl. Zepter nach den Grundsätzen der besten Staatswirthschaft wieder bevölkert, und mit einem zahlreichen Heere belegt wurde, verursachte solches zwar eine ausgebreitetere Cultur; der kalte Winter aber von Anno 1740., so einen Mißwachs verursachte, welcher, wegen Mangel einer wohlgeordneten Industrie, späte Folgen hatte, bewogen den Landmann, die Landesproducte, welche mehr und mehr gesucht wurden, möglichst zu vervielfältigen. Nur Schade, daß dieser Zweig der Nahrung

dazu-

dazumahl in den Händen solcher Leute war, welchen es
größtentheils sowohl an Willen als Vermögen und der
nöthigen Kenntniß fehlte, eine wohl eingerichtete Wirthschaft zu führen. Der Adel, welcher durch die immer-
währenden Kriegesunruhen keinen sichern und ruhigen
Aufenthalt auf seinen Gütern gefunden hatte, widmete
sich, theils aus Gewohnheit, theils von dem kriegeri-
schen Geiste und Glücke der Schweden bezaubert, den
Waffen, noch immer so gänzlich bey der zunehmenden
Kriegesmacht der damahligen Beherscher, daß man es
fast einem Edelmanne zur Schande rechnete, seine Güther selbst zu bewirthschaften. Die adelichen Güther wurden also, sammt den dabey befindlichen unglücklichen Unterthanen, gegen einen geringen Pacht, der gänzlichen
Willkühr solcher Leute überlassen, deren öconomischer
Grundsatz nur allein darin bestand: beyde möglichst aus-
zusaugen. Täglich wurde also die Aussaat durch Ausreissung alter Dreesche vermehrt, wovon sich der Pächter auf Kosten des armen Unterthans, welcher auch diese
vergrößerte Aussaat bestellen mußte, bereicherte; a mesure aber durch die übertriebene Vermehrung des Ackers
die Hütungsplätze eingeschränkt wurden, so verlohr sich
bald das nöthige Verhältniß mit denselben, dem Zug-
und andern Vieh, dem es nun an hinlänglicher Weide
fehlte. Die natürliche Folge davon war, daß die ausge-
baueten Aecker nun so wenig durch Dünger roboriret,
als wenig mit dem schlechten Zugvieh zur rechten und
bequemen Zeit bestellt werden konnten, und dahero nur
schlechte Erndten lieferten. Die Kunst dieser gewinn-
süchtigen Wirthe war nun mit einmahl zu Ende, es war

ein

ein Glück, daß immittelst durch Künste und Wissenschaften, welche unter der Beförderung des weisesten Monarchen auch nun in diesen sonst rohen Gegenden blühen, die Sitten des Adels dergestalt verfeinert wurden, daß selbiger nun auch in Entstehung eines Berufs zum Dienste des Staats, an dem sanften Vergnügen, sein väterliches Erbtheil zu bauen, Geschmack findet. Nun ist nicht weiter zu zweifeln, daß durch richtige Erfahrung das Problema bestimmt werden wird.

Wie der größte Nutzen aus einem Guthe, ohne dessen Deterioration zu ziehen sey?

Steht dieses einmahl feste, so ist der Habsucht übeldenkender Pächter eine unübersteigliche Schutzmauer entgegen gesetzt. Die üble Verfassung, in welcher sich das Guth N. 1756. befand, dient zur Bestätigung des obigen, so wie der Augenschein mehrerer in dieser Gegend befindlichen adelichen Güter. Durch Ausreissung der ehemahligen Weideplätze und Dreesche, war die Winteraussaat auf 47 Winspel 18 Scheffel, und die Sommeraussaat, exclusive Grütze, Korn und Erbsen, auf 57 Winspel 10 Scheffel angewachsen. Nur bey höchstgesegneten Jahren war der Einschnitt von ersterer das 4te, und von letzterer das 3te Korn; von den Bauern aber giengen alle Jahre einige aus den Höfen, weil das Dienstvolk und Gespann sie gänzlich auszehrte. Gottlob! nun herrscht bey beyden der Gegensatz; das Winterkorn trägt anjetzo allhier selten unterm 6ten Korn, von Gerste selten unterm 5ten Korn, und der Hafer selten

ten unterm 3ten Korn; von allen dreyen aber öfters darüber, und wahrscheinlich muß bey zunehmenden Kräften des Ackers und Vermehrung des Düngers, der Ertrag noch reichlicher seyn. Von denen Bauern ist aber seit 12 Jahren nicht ein einziger aus dem Hofe gegangen, vielmehr machen sie der Conservation der Höfe bey ihrer Familie gewiß die solidesten Verbesserungen. Sie lassen fleißig graben, setzen Steinmauern, pflanzen Weiden, bauen sich eigenthümliche Häuser, um ihr Alter in selbigen in Ruhe zuzubringen, kleiden die Giebel ihrer Wirthschaftsgebäude mit Dielen ab, schließen die Gehöfte mit ansehnlichen Dielenzäunen, verzieren ihre Wohnhäuser mit schönen Fenstern und Fensterladen, welche sie wohl gar roth anstreichen, ihr Ameublement nicht zu gedenken; und was das beste ist, alles auf ihre eigene Kosten.

Sollten aber sämmtliche Landesproducte noch länger in denen gegenseitigen geringern Preisen bleiben, welche mit denen Waaren, so der Landmann kaufen muß, mit dem Gesindelohn, mit denen Abgaben, und der heutigen bessern Art zu leben, nicht mehr in dem gehörigen Verhältniß stehn; so muß der Landmann allerdings den Handwerker und Tagelöhner ohne Verdienst lassen, und sich alle Gedanken zur Verbesserung entschlagen, welche man mit Mühe ihm erzeugt hat. Nie wird aber auch sodann die Wirthschaft zu dem erwünschten möglichen Flor gelangen.

Verän-

Veränderung in Absicht der Feldmark.

Diese gedachte glückliche Veränderung in Ansehung des Guthes N. sowohl als der dazu gehörigen Bauern, rührt

1) Von der Verminderung der übertriebenen Aussaat.

2) Von Verwandelung der Naturaldienste der Bauern in Dienstgeld, her.

Bey der großen Aussaat von 47 Winspel, so sich bey dem Hauptguthe und dem Vorwerke befand, wovon kaum 7 Winspel gedünget werden konnten, sahe man bald ein, daß eine Verminderung der Aussaat vortheilhaft seyn müsse; ob gleich den hiesigen Wirthschaftsverständigen dieser Satz sehr zweifelhaft schien, wurde doch, nach wieder hergestelltem Frieden Anno 1763., in folgender Art dazu geschritten.

Der nächste und beste Acker wurde zu dreyen Binnenschlägen gelegt, deren jeder 140 pommersche Morgen enthält, und in der Brache zur Hälfte ausgedünget werden muß, dergestalt, daß der Mist alle 6 Jahre herum kömmt, das übrige Land — excl. 40 Morgen, so man wegen ihrer Entlegenheit und Geringhaltigkeit zum Holz-Aufschlag gewidmet, — wurde in 6 Aussenschläge getheilet, deren jeder, nach genossener 3jähriger Ruhe, vor Winters umgerissen, das folgende Jahr wie Brache tractiret, hiernächst mit Winterkorn, und dann mit Hafer besäet wird; nach abgemähetem Hafer aber wieder 3 Jahre, theils für die Kühe, theils für die Schafe, zur Weide liegen bleibt. Kurz, zu jedem Binnenschlage sind 2 Aussenschläge, so alternative denselben zugestellet werden. Wenn nun jeder dieser Aussenschläge an die 80 pommersche Morgen enthält, so bleiben 160 Morgen in beyden Feldern, ausser dem Brachfelde, zur Weide liegen, welche den bisherigen Mangel der Weide ersetzen, und die Beackerung in so weit erleichtern, daß wenigstens 4 Hacken gelegt werden konnten. Die Mistfuhren fielen nun auch nur immer nahe bey, mithin konnte nun der Bauerdienst, welcher mit unsäglichen Schwierigkeiten für den Bauer, und mit vielem Nachtheil und Verdruß für den Wirth verknüpft war, entbehrt werden. Hierdurch wurde vielem Unfug vorgebeugt, so die Menge roher Leute auf einem so weitem Wege sich erlaubten, und zugleich für die Gesundheit derselben gesorgt, welche absonderlich bey rauhen Wintertagen litte.

Veränderung in Absicht der Bauern.

Das gewöhnliche Dienstgeld in hiesiger Gegend ist pro Hufe 25 Rthlr., mithin trifft solches in Glasow auf einen Bauern 100 Rthlr., und auf einen Cossäthen 25 Rthlr. Durch einen Ueberschlag von denen Kosten, so jedem Bauer der Unterhalt von 4 Pferden, einen Wagen, 2 Ochsen mit einem Hacken, eines Dienstknechtes, einer Magd, imgleichen eines Augst-Mähers,

Mähers, einer Augstmagd und eines Hungerharkers verursachte, war es ein leichtes, die Bauern zu überführen, daß sie bey Erlegung des Dienstgeldes gewönnen; sie giengen daher auch gern folgenden Contract mit mir ein.

1) Da die Bestellung des Vorwerkschen Feldes seiner Entlegenheit halber vom Hauptguthe zu beschwerlich ist; selbiges hingegen dem Bauerdorfe viel näher ist, und von selbigem, wie oben gedacht, die Saatfahre schon ohnehin ausser Dienst bestellet worden, die Beackerung in jeder Fahre auf einem Bauer noch nicht 5 völlige Morgen beträgt; so übernahmen sie nunmehro die gänzliche Bestellung des Ackers und Einbringung des Getreides von diesem Vorwerk. Die Aussäung aber und der Ausdrusch desselben liegt der Herrschaft ob.

2) Zahlet jeder Bauer 100 Rthlr. Dienstgeld in drey Terminen, und schickt, so lange das Hirse-Schneiden und Schafescheren währet, täglich eine Magd.

3) Ausser den nöthigen Bauholzfuhren aus fremden Heiden, leistet jeder Bauer 4 Fuhren auf 2 bis 3 Meilen, so zur Verführung des Getreides oder andern Behufs angewandt werden können.

O 2 4) Sind

4) Sind die Bauern frey von allen Frohn-Diensten, und den Zehnten an Lämmern, Hühnern, Gänsen; imgleichen ist ihnen das Spinnen erlassen worden.

Hierauf erfolgte nun nothwendig die Vermehrung des Hofgesindes, des Zugviehes und des Hofgeräthes. Zu letzterm mußte ein jeder Bauer ein zweyschläfriges Gesindebette und andere Kleinigkeiten von der Hofwehre zurück geben. Nun waren nicht mehr so viel Aufseher als vorhin nöthig, es wurde also nur ein Schreiber und ein Statthalter beybehalten, und statt des andern Statthalters, zwey Sommerhacker angenommen, welche beynahe mit selbigen gleiches Gehalt bekommen, und mithin nicht mehr Kosten machen. Ein Stammhacker und zwey Hackenknechte waren bereits vorhanden; man brauchte also, um acht Hacken in Gang zu bringen, nun noch drey Hackenknechte zu miethen. Ausser 8 Zugpferden, so bereits vorhanden, mußten noch 8 Stück angeschafft werden, und zu Bespannung der Hacken wurten, ausser dem Bestand von 25 Ochsen, noch 15 Stück angeschafft; auch zum Betrieb der Feldarbeit noch 4 Mädchens angenommen, dergestalt, daß die ganze Augmentation in 5 Knechten, 4 Mädchens, 8 Pferden und 15 Ochsen bestand, womit, durch Beyhülfe der nöthigen Tagelöhner, so stets zu haben sind, sämmtliche Arbeit besser und geschwinder betrieben wird als vorhin.

Daß

Daß bey Verminderung der Aussaat und Abschaffung des Dienstes kein Schade gewesen, wird sich aus denen in Fine angehängten Balancen sub A & B ergeben.

Veränderung der Vorwerkschen Feldmark.

Man führte daher die erstere Einrichtung mit einiger Abänderung auf dem Vorwerk F. ein. Weil aber der Acker daselbst sich nicht gleich ist, indem auf der einen Seite des Gehöftes derselbe sehr eben, dabey zum Theil sehr thonicht und kalter Natur ist, mithin öftere Düngung erfordert; die andere Seite aber aus gutem Mittelboden, mit Lehmbergen vermischt, besteht; so wurde erstere in 4 Schläge getheilet, deren jeder 32 Morgen enthält. Der Brachschlag wird ganz ausgedünget, der zweyte trägt Winterkorn, der dritte Gerste, der vierte Hafer, oder nach advenant Stoppelrocken.

Letzterer aber wurde in sechs Aussenschlägen gelegt, deren einer Brache liegt, der zweyte Winterkorn, und der dritte Hafer trägt. Drey liegen zur Hütung, und sammlen, theils von dem Viehe so darauf weidet, theils vom Einfluß der wohlthätigen Luft, in 4 Jahren die nöthigen Kräfte, um hiernächst schöne Erndten zu liefern. Der Erfolg dieser Einrichtung wird wahrscheinlich gut seyn, weil selbige aber nur vor 3 Jahren getroffen, so läßt sich mit Gewißheit noch nichts davon behaupten.

Meliorationes.

Nach diesen Anlagen würde man nun das Weitere einer guten Cultur überlassen haben, worunter die Ziehung der nöthigen Abzugsgraben, Reinigung des Ackers von Steinen, und Anwendung derselben zu Steinmauern mit begriffen ist, um den intendirten Nutzen davon zu ziehen; wann nicht das großmüthige Anerbieten des weisesten Monarchen, auch Vorpommern seine gnädige Vorsorge durch Unterstützung mit Meliorationsgeldern zu erkennen zu geben, auch hier einen neuen Weg zu Verbesserungen eröffnet hätte.

Die 144 Morgen unbrauchbares Bruch, so sich auf dieser Feldmark befanden, wurden nun größtentheils mit dem größten Nutzen für den daran stoßenden Acker, in die reichsten Wiesen und nutzbarsten Karpfenteiche verwandelt. Die zu etablirende Colonisten setzte man auf einem an sich schönen Boden an, welcher einen Außenschlag zum Hauptguthe abgab, wegen seiner Entlegenheit aber übel zu bestellen war. Derselbe betrug etliche 80 Morgen, wozu — statt der 40 Morgen Land, so bey Einrichtung der Außenschläge zum Holze geschlagen, — 40 Morgen Fichtholz, so Remelweise in diesen Außenschlag schoß, geradet wurden. Diese 126 Morgen wurden folgendergestalt unter 6 Bauern und einen Büdner vertheilet: Letzterer hat einen Morgen Land und einen Morgen Wiesewachs; die Bauern aber haben jeder 20 Morgen Acker in 4 Feldern, einen Morgen Wördeland, und einige Morgen Wiesewachs, alles dicht um seinen

Hof

Hof herum eigenthümlich, so daß jeder sein ganzes Eigenthum vom Hofe ab übersehen kann, und mit niemandem in Communion steht.

Da sie die Freyheit haben, sich des in der Nähe befindlichen Mergels zu bedienen, so ist kein Zweifel, daß diese Etablissements bald in größtem Flor seyn werden. Eines jeden Colonisten Zugvieh besteht in 2 Pferden, 4 bis 5 Kühen, so größtentheils auf dem Stall zu futtern, einigen Schweinen und einigen Bienenstöcken, so wegen der Nachbarschaft des Holzes sehr gute Art haben. Für den Abnutz dieser Grundstücke wird nach einigen Freyjahren ein proportionirlicher Canon entrichtet.

Wegen Verlustes dieses Aussenschlages haben nun zwar die noch bleibende 5 Aussenschläge etwas weniger Ruhe, indem sie statt in 6 Jahren nunmehro in 5 Jahren rouliren; es steht jedoch zu hoffen, daß in Ansehung der bishero genossenen Ruhe, und des von Abgrabung der Brücher und Vermehrung des Wiesewachses zu ziehenden Vortheils, dieser Verlust des sechsten Aussenschlages, beym Einschnitt unmerklich seyn wird. Den Verlust der Weide aber werde ich noch weniger empfinden, nachdem ich, durch das lehrreiche Beyspiel eines verehrungswürdigen und einsichtsvollen hinterpommerschen Wirthes, auf den Gedanken gerathen bin, statt der Erbsen, welche ich bereits seit einigen Jahren aus der Brache in das Winterfeld verwiesen, sämmtliche Gerste in der zweyten Tracht, so beym Hauptguthe in circa 8

Winspel

Winspel thut, mit Klee zu vermengen, (davon man den Samen selbst zu ziehen Willens ist,) und sich dadurch in Stand zu setzen, nicht nur die Kühe bis zur Stoppel auf dem Stalle zu futtern, sondern auch derselben Winter-Futter durch das vortrefliche Kleeheu zu verbessern, welches um Johannis geworben werden soll, damit die Brache sogleich herum geäckert werden könne, und die folgende Rockensaat durch einen längern Abnuz des Clevers nicht beeinträchtiget werde. Die Gräben, so zur Ablassung der überschwemmten Brücher gemacht worden, sind mehrentheils von 15 bis 21 füßiger Tiefe, und einer proportionirlichen Breite, auch dahero größtentheils mit Holz ausgeschält, und werden für den gegenwärtigen Besitzer und dessen Nachkommen ein ewiges Denkmal von der Weisheit und Wohlthätigkeit unsers theuersten Monarchen, und dem einsichtsvollen Patriotismo seines des größten Ruhmes würdigen Geheimerraths von Brenkenhof, welchen wir Frankreichs berühmten Sulli mit Recht entgegen stellen können, abgeben.

Behandlung der Waldung.

Die getroffene Einrichtung mit der Holzung, von welcher zu reden bisher verschoben, ist folgende:

Das ganze Revier, bestehend aus 440 pommerschen Morgen Fichtholz, von beynahe gleichem Wuchse, ist in 80 Kaveln gelegt, davon eine jede $5\frac{1}{2}$ Morgen enthält.
Alle

Alle Jahre wird eine Kavel, bis auf ein Schock gerade
Saatbäume, so noch stehen bleiben, zu Fadenholz geschla-
gen, nachdem bereits heraus genommen worden, was zu
Bauholz in den Gütern oder zum Verkauf bestimmt ist.
Das geschlagene Fadenholz, so mehrentheils 4 bis 500
Klaftern beträgt, bleibt ein Jahr in Haufen stehen, damit es recht austrockene; inmittelst wird der Abgang
davon an Strauchwerk consumiret, und zum Theil verkauft. Folgendem Winter wird a mesure das Faden-
Holz consumiret und verkauft, und den benachbarten
nachgegeben, die vorhandenen Stubben, gegen eine
Recognition von 2 Gr. pro Fuder an den Jäger, zu
roden.

Die Stubbenlöcher werden zugeworfen, und diese
Kavel nunmehro kurz vor Winters umgepflügt, und im
Frühjahr, nach gehöriger Zubereitung, mit Hirse und
Buchweitzen besäet. Wann diese Früchte abgeschnitten,
folgt ihnen der Stoppelrocken, diesen Gerste, und endlich Hafer. Der gute Abschnitt, so ich von diesem Saa-
ten erhalten, zeigt von der Güte des Bodens. Weil
eine jede Kavel mit Hafer wieder zur Ruhe geht; so wird
selbige, so bald der Hafer untergeegget ist, mit 3 Winspel
Kiehnäpfel besäet, welche in einigen Tagen aufplatzen,
und hiernächst mit einer mit Strauch durchgeflochtenen
Egge überzogen werden, damit der Same, so sich noch
in den Aepfeln verheelt, völlig heraus gebracht werde.
Die Niedrigungen einer solchen Kavel, so sich zum Fich-

tenwuchs nicht schicken, werden im Herbst, wenn der Hafer abgemähet ist, mit jungen Stämmen von Birken, Elsen und Haseln, auch Eichen bepflanzt, dergestalt, daß nach 5 bis 6 Jahren eine mit Holzsamen besäete Kavel wieder ganz mit jungen Stämmen besetzt ist, so, incl. der Saatbäume, nach achtzig Jahren einen noch einträglichern Hieb, als der gegenwärtige gewesen, verspricht; immittelst aber dem Auge einen angenehmen Anblick gewähret, auch an Dachstöcken, Bohnen- und Hopfenstangen, einigen Abnutz fourniret.

Vom Viehstande überhaupt.

Die gute Wartung des Viehstandes ist ein Hauptgegenstand der Aufmerksamkeit eines Wirthes. Je mehr solche, ohnerachtet der von Sr. Majestät empfohlenen Pflege, in hiesigen Gegenden vernachläßiget worden, je mehr hat man durch unverwandte Bemühungen solche allhier in Ausübung zu bringen gesucht, und dabey nicht undeutlich wahrgenommen, daß die bisherige Methode einiger Verbesserung fähig sey. Mehrentheils ist die Sorgfalt für den Viehstand solchen Leuten überlassen, die keine Lust haben Ueberlegungen anzustellen, und es dahero immer so machen, wie sie es von ihren Eltern gesehen haben.

Es ist bekannt, daß seit 50 Jahren unser Clima sich sehr verändert hat. Alte Leute können sich erinnern, daß vordem mit Ende Martii die Pferde schon des Nachts auf der Weide geblieben. Nun aber kann kaum um diese Zeit sich ein Schaf, geschweige ein Pferd, mit dem vorhandenen Grase begnügen, beyde müssen vielmehr fleißig gefuttert werden. Sollte diese Veränderung in der Witterung nicht auch eine Abänderung in Behandlung und Futterung des Viehes nöthig machen?

Von den Schafen.

In Absicht der Schafe, welche die größte Pflege erfordern, macht die Veränderung der gegenwärtigen Witterung gegen die vorigen Zeiten, eine veränderte Behandlung, meines Ermessens, höchst nothwendig; der Wohlstand derselben beruhet auf eine gute Zuzucht von Lämmern. Diesen sowohl als allem jungen Vieh, ist zu ihrem glücklichen Fortkommen eine hinlängliche und gute Nahrung höchst nothwendig, und der Mangel derselben gereicht zum größten Nachtheil. Allein, wie ist bey kalten Frühjahren dazu zu gelangen? Zu Ende Februarii, da die gewöhnliche Lammzeit eintritt, ist an Gras noch nicht zu gedenken. Das Heu, so mehrentheils den Schäfereyen nur knapp zugeschnitten, ist bereits größtentheils von den hülfsbedürftigen Jährlingen verzehret worden, und kann den alten Schafen daher nur in geringerm Maß gereicht werden. Nach dem bekannten Sprichwort: — von Stroh wird kein Schaf froh, froß, — kann die Strohfutterung nicht viel helfen, zumahl wenn, wie von den mehresten geschieht, auf den reinen Ausdrusch desselben mit Strenge gedrungen wird. Schon seit sieben Jahren ist dahero in hiesiger Schäferey die Lammzeit bis Marien, und mithin 4 Wochen später, hinaus gesetzet. Die Lämmer saugen sodann bis Johannis. Ob gleich sie nun zwar nicht viel länger als andere Lämmer saugen, so haben sie doch den Vortheil, daß sie die ganze Zeit die Milch genießen, da das Schaf die reichlichste Weide hat, und mithin die beste Milch giebt. Auch haben sie den Vortheil, daß, wenn sie das Licht der Welt erblicken, die Witterung schon weit gelinder ist, als 4 Wochen zuvor; wie diejenigen Lämmer erfahren, so nach der alten Gewohnheit zu Ende Februarii gefallen, von welchen die rauhe Witterung einen großen Theil weggrafft, bey andern aber den Grund zu einem spätern Tode legt. Selbst für die alten Schafe ist das zeitige Milchen höchst gefährlich; nach der alten Methode müssen sie schlechterdings um Urbanie aus der Wolle seyn, da die Witterung zuweilen noch sehr strenge ist. Man wäscht und schiert diese armen Thiere ohne Erbarmen in der größten Kälte, ist es denn Wunder, wann, wie Vorfälle bekannt sind, dadurch 50 Stück bey einer Schur umkommen? Würde hingegen die Wollschur, wie bey der hiesigen Einrichtung sehr wohl thunlich ist, bis zu einer bequemen Witterung ausgesetzet, und auf allen Fall etwas Futter in Reserve behalten, so ihnen bey einfallendem Regenwetter gegeben wird, so läuft man diese Gefahr nicht. Um Johannis werden (wie bereits angezeigt,)

die

die Lämmer allhier abgesetzet; von dieser Zeit aber die Schafe, bis zu Ende Augusti, des Morgens und Abends gemolken, nicht aber des Mittags. Butter und Käse, so der Schäfer während dieser Zeit nach Abzug des sechsten Theils, so ihm für seine Mühe gelassen wird, in Natura abliefert, läuft dennoch mehrentheils zur Hälfte der gewöhnlichen Milchpacht ab. Daß so zeitig mit dem Milchen aufgehört wird, geschieht in der Absicht, damit die alten Schafe bey der fetten Stoppelweide sich einen guten Pelz anschaffen, um dem Winter resistiren zu können, welches nicht wohl geschehen kann, wenn sie wie gewöhnlich gemilchet werden, bis durch die Inpregnation ein anderes Wesen in ihnen entsteht, so sie abzehret. Den Lämmern wird nach der Absetzung ein Theil eines für sie geschonten Aussenschlages angewiesen, worauf sie reichliche Weide finden. Ob der Erfolg dieser Einrichtung für den Verlust der halben Milchpacht eine hinlängliche Entschädigung gewähret, läßt sich nicht wohl durch die Erfahrung zur mathematischen Gewißheit bringen, so wahrscheinlich es auch ist. Der Weg dazu wäre dieser: daß zwey Schäfereyen unter gleichen Umständen, eine auf die alte, die andere aber auf die vorgeschlagene Art, behandelt, das Product aber hiernächst balanciret würde. Allein, wo sind zwey Oerter, wo die Localumstände so völlig übereinstimmend sind? indessen zeigt die Erfahrung allhier so viel:

1) Daß

1) Daß allhier weniger Lämmer sterben als in andern Schäfereyen.

2) Zeiget der Augenschein, daß das Vieh allhier größer wird als in der Nachbarschaft, und folglich

3) hier mehrentheils von 100 Schafen ein schwerer Stein mehr geschoren wird, als in der Gegend.

4) Ist man seit geraumer Zeit im Stande gewesen, nicht nur ohne Verminderung der Schäferey Hammel zu verlosen, sondern auch Wehr-Vieh zu verkaufen, woraus der Flor der Schäferey sich offenbar zu Tage legt.

5) Hat man bemerkt, daß die Schafe auch nicht so leicht Seuchen ausgesetzt sind, als andere. Kein Ort in der Nachbarschaft ist von den seit einigen Jahren graßirenden Pocken befreyt geblieben; die hiesigen Schafe aber haben sie nicht bekommen. Vielleicht ist dieses einem bloßen Ohngefähr zuzuschreiben!

Indessen sind durch die erzählten Vortheile schon verschiedene aufmerksame Wirthe bewogen worden, dieser Methode beyzutreten, und spüren davon gleiche Vortheile. Die hiesige Schäferey besteht nunmehr aus

1700

1700 Stücken, davon, nach Abzug 325 Haupt Knechts-Vieh, dem Schäfer der sechste Theil gehört, welchen er jedoch bey seinem Abzuge seinem Nachfolger zu lassen verbunden ist, damit kein fremdes Vieh ins Gemenge komme. An Heu bekommt die Schäferey nur noch 4 bis 500 Centner; durch die Vermehrung der Wiesen aber hat dieselbe in der Folge die Aussicht auf ein größeres Quantum.

Dafern dieselbe inmittelst mehr gebraucht, so hot man Gelegenheit, mehrentheils sehr guten Kattstart in der Nähe zu bekommen; jedoch ist derselbe ein sehr gefährliches Futter, wenn er nicht geworben ist, daher sie sich sodann mit dem Erbs-und Rockenstroh (so sie reichlich haben,) behelfen müssen.

Von den Ochsen.

Vordem mußten die Ochsen in einer ihnen in der Brache gestrichenen Heuung grasen. So bald aber der Acker ordentlich behandelt wurde, verlohr sich das Gras, sowohl in der Heuung als Stoppel; die Ochsen wurden daher im Sommer so mager, daß man den Winter über Mühe hatte, vermittelst allen Abgang vom Getreide, und einen guten Theil Garben, so sich mitunter schlichen, sie wieder in etwas anzufuttern. Nunmehr da sie, 42 an der Zahl, Winter und Sommer mit

mit Hexel gefuttert werden, und so lange sie ziehen, etwas Heu bekommen, sind sie stets in gutem Stande, und die Kühe haben die Stoppelweide privative. Der Hexel wird vom Sommerstroh, mit etwas Kurzbund und Ueberkehr vermengt, geschnitten. Vordem, als dieser Hexel mit der Handlade zubereitet wurde, schlichen sich auch eine ansehnliche Menge Garben mit unter; seitdem ich aber eine Hexelmühle angeschafft, welche sowohl in Quantitate als Qualitate guten Hexel liefert, ist solches nicht mehr thunlich. Damit mein Vieh aber hierunter nicht zu sehr leide, so darf sämmtliches Sommerstroh, welches ihnen geschnitten wird, nicht mit der Gaffel geschlagen, sondern nur bloß aufgeschüttet werden; das Achterkorn bleibt also am Stroh, und verbessert das Futter so viel als nöthig ist. An die Stelle der Alters halben abgehenden Ochsen, welche größtentheils an Brantweinbrenner verkauft werden, pflegt man wiederum 5 bis 6jährige Ochsen anzukaufen, jedoch, da selbige nicht wohl mehr von derselben Statur zu haben sind, auch das hin und wieder graßirende Viehsterben den Ankauf derselben immer gefährlicher macht, so fängt man bereits wieder an, so wie vordem geschehen, jährlich 6 Stiere aufzuziehen.

Von den Kühen.

Die vermehrte Anzahl der Ochsen hat eine Verminderung des Kühviehes rathsam gemacht, zumahl allhier

die

die Weide nicht recht behülflich ist, und werden daher auf beyden Güthern nur 70 Stück gehalten. Um jedoch den angezeigten Fehler der Weide zu heben, ist man entschlossen, ausser einiger gewöhnlicher Clevermöhrde von 5 Morgen, noch 70 Morgen Gerstland in der 2ten Tracht mit Klee zu besäen, und vermittelst selbigen die Kühe, bis zur Stoppel, mit grünem Klee auf dem Stall zu erhalten; dasjenige aber, so nicht grün consumiret wird, zu Heu zu machen, und das Winterfutter damit zu verbessern. Dieses besteht anjetzo in 3 Futter Hexel von Gerstenstroh, so nicht mit der Gaffel geschlagen, und welches 24 Stunden zuvor warm eingebrühet, und den folgenden Tag, da es, weil es gut zugedeckt worden, noch ganz warm ist, gefuttert wird. Zwischenher bekommen sie 2 trockene Futter von Hexel, davon die Hälfte Gerstenstroh und die andere Hälfte Heu ist, und werden dabey täglich gut gestreuet. Das Heu, so die Kühe bekommen, ist mehrentheils aus den Feldbrüchern, welches sie lang nicht gerne fressen, sondern größtentheils unter sich ziehen; geschnitten aber ist es ihnen recht angenehm. Das Brühen geschieht aus der Ursache, damit die unter dem Hexel befindlichen Gerstenkörner etwas erweicht, und einer baldigen Verdauung fähiger werden.

Der Abgang an Kühen, welche, wenn sie alt, nach vorgängiger Mastung von dem Gesinde consumiret werden,

ben, wird durch eigene Zuzucht ersetzt, so von den besten Kühen genommen, hiernächst 6 Wochen mit Milch getränkt und gut gefuttert werden; bevor sie aber $2\frac{1}{2}$ Jahr erreicht, zum Bullen gelassen, damit sie beynahe 4jährig sind, wenn sie kalben.

Von der kleinen Viehzucht.

Ob gleich diese eigentlich in das weibliche Departement gehört, so soll sie doch allhier den Beschluß machen, indem ein Wirth, wann er es mit dem schönen Geschlecht nicht verderben will, schon gegen gedachte Thiere, welche öfters sehr lästig sind, einige Attention haben muß; besonders erhebt sich mehrentheils ein großes Wehklagen, wenn, nach den Grundsätzen einer guten Wirthschaft, die sämmtliche Brache um Johannis umgeackert ist. Zum großen Glücke geben allhier 16 Morgen Brache, so bis nach der Erndte liegen bleiben können, indem sie allererst im Frühjahre mit Erbsen besäet werden können, imgleichen die Aussenschläge, für selbige eine gute Retirade ab. Ausserdem wurden auch, allem Nothfalle vorzukommen, einige Scheffel Wicken gesäet, welche zu Hexel geschnitten, und hiernächst gestampft, den Gänsen und Schweinen zum großen Labsal dienen.

Lit. A.

Lit. A.

BALANCE

des Dienstgeldes der Bauern, mit den durch Aufhebung des Dienstes vermehrten wirthschaftlichen Ausgaben.

Während der Dienste betrugen die jährlichen Ausgaben:

1. Ein Schreiber à 100 Rthlr., zwey Statthalter à 60 Rthlr. — 220 Rthlr. ⎤
2. Ein Deputathöcker — — 60 — │ inclusi-
3. Zwey Knechte à 50 Rthlr. — 100 — ⎬ ve De-
4. Zwey Spann Pferde à 250 Rthlr. — — 500 — │ putat und Kost.
5. Fünf Mädchens à 32 Rthlr. — 160 — ⎦
6. Tagelohn 150 Rthlr., Schmiedelohn 80 Rthlr. — — 230 —

Summa 1270 Rthlr.

Nach abgeschaftem Dienste sind die Ausgaben:

1. Ein Schreiber 100 Rthlr., ein Statthalter 60 Rthlr. — — 160 Rthlr.
2. Ein ganzer Deputathöcker 60 Rthlr. ⎤ — 120 —
   Zwey Sommerhöcker 60 Rthlr. ⎦

Latus 280 Rthlr.

3. Fünf

Transport 280 Rthlr.

3. Fünf Hackenknechte à 50 Rthlr. — 250 Rthlr.
4. Vier Spann Pferde à 250 Rthlr. 1000 —
5. Neun Mädchens à 32 Rthlr. — — 288 —
6. Tagelohn 300 Rthlr., Schmiedelohn
 120 Rthlr. — — — 420 —

      Summa 2238 Rthlr.

Die übrigen Ausgaben bleiben sich gleich.

 Beträgt also letztere Rechnung
  mehr als erstere — — 968 Rthlr.
 An Dienstgeld bekommen — 1500 —

Ist also 1) gewonnen — — — 532 Rthlr.

 2) Die ohnentgeldliche Bestellung des Vorwerkschen Feldes.

 3) Die bessere und solide Bestellung des hiesigen Ackers mit tüchtigem Vieh und eigenen Leuten.

 4) Die wahre Bequemlichkeit, indem aller Tracas mit den Dienstleuten wegfällt, welches keiner besser kennt, als der, so damit umgegangen.

        5) Der

5) Der mehrere Abgang an Sen,
Kleye und Trank für das Vieh,
bey einer so großen Wirthschaft.

6) Die Verbesserung der Umstände der Bauern selbst, welche sehr einleuchtend ist.

Lit. B.

BALANCE.

Von dem Ertrag des Guthes bey Bestellung des ganzen Feldes mit dem Ertrag desselben nach verminderter Aussaat durch Auffenschläge.

Nach richtig gehaltener öconomischer Berechnung ist in den ersten 6 Jahren meiner Wirthschaft gesäet 545 Winspel 1 Scheffel, und davon geerndtet 1673 Wispl. 19 Schfl.

In den letzten 6 Jahren gesäet 475 Winspel 1 Scheffel, und davon geerndtet · · · · 1962 — 8 —

Hieraus ergiebt sich, daß in den letzten 6 Jahren 70 Winspel

weniger

weniger gesäet, und 288 Winspel 13 Scheffel mehr gebauet, und mithin in diesen 6 Jahren, durch die Veränderung mit Aussenschlägen, in Summa ersparet und gewonnen . . . . . 358 Wispl. 13 Schfl.

so per fractionem auf jedes Jahr thut . . . . . 59 — 18 —